-기초편-
전통매듭 길잡이

이희성 지음

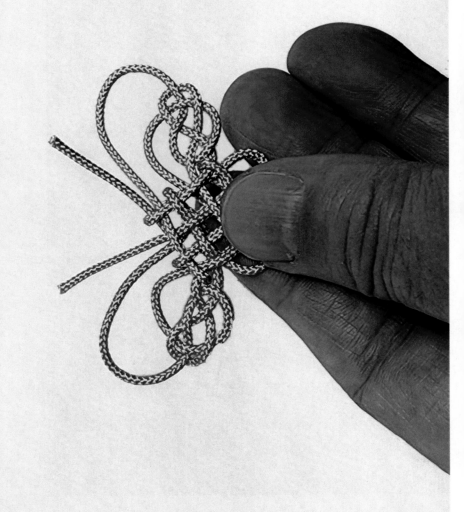

예산 이용제 (이희성)

주요경력
저서 : 전통매듭수첩 초급 / 전통매듭수첩 고급
제22회, 제25회 전주전통공예 전국대전 수상
제36회 2018 예술대제전 수상
제37회 2019 예술대제전 추천작가
제12회 한얼문예박물관특별기획전 – 우수지도자상
2020년 제9회 대한민국공예대상전 – 초대개인전
2018년 ~ 2022년 : 수작(秀作)부리다 합동전시회

SNS
네이버 밴드 : 전통매듭배움터
유튜브 : 매듭장이TV
인스타그램 : maedupsarang

머리말

    고등학교를 졸업하고 우연히 벽에 걸린 생쪽 매듭이 눈에 들어와 호기심으로 만들어 본 것이 인연되어 전통매듭을 배우게 되었다.

    당시엔 전국적으로 전통매듭이 유행을 타던 시기여서 여러 사람들과 동시에 시작하게 되었는데, 매일 한 두 가지의 매듭을 마치 스폰지가 물을 흡수하듯이 익히는 속도가 그들보다 월등히 높았으니 '전생의 습관' 이었을 것이라 여긴다.

    그 후 출가의 길로 들어서면서 매듭을 잊고 지낸 시간이 20년.

    이대로 매듭을 놓아버리긴 아쉬워 다시 시작해보려는데 몇 가지 매듭에서 막혀버리고 말았다. 그때의 그 안타까움은 몇날 며칠에 걸려 기억을 더듬어 가면서 매듭을 완성하는 촉진제가 되었다.

    이렇게 기억을 되살린 매듭을 다시 잊어버리지 않기 위하여 동영상으로 촬영하였고, 힘들게 촬영한 영상을 혼자 보기 아까워 Daum 카페와, Naver 카페에 공개하기 시작하였다.

    그 후 네이버 밴드 "전통매듭 배움터"를 통해서 전통매듭에 관심을 가진 수 많은 사람들과 만나게 되면서 오프라인 강좌도 하게 되었으니 30여년 전에 보았던 생쪽 매듭이 여기까지 이어져 오게 된 기연이다.

    오프라인 강좌를 하면서 늘 아쉬운 것이 제대로 된 매듭교본이 없다는 것이다.

    이에 큰 맘 먹고 초보자도 쉽게 배울 수 있는 매듭교본을 만들어 보려는 생각에 무작정 사진 찍고 편집하게 되었으니 그 무모한 도전 정신은 오직 전통매듭을 보급하고, 초보자에게 쉽게 전할 수 있게 하려는 마음이기에 가능한 것이었다.

    이렇게 전통매듭수첩이 발간되기까지 조언과 격려를 해 주신 송산 황인철 교무님, "전통매듭수첩" 캘리그라피를 써주신 솔뫼 최송산 선생님, 매듭책을 기다리며 응원을 보내준 "일심 전통매듭 동아리" 회원들과 "전통매듭 배움터" 밴드 회원들에게 감사의 마음 전합니다.

    스마트한 전자장비에 지쳐가는 현시대에 전통에 대한 관심이 높아지면서 전통매듭도 다양한 생활공예의 흐름에 맞추어 서서히 붐이 일어나고 있는 것을 다행스럽게 생각하며, 전통매듭수첩으로 인하여 전통매듭이 널리 보급되어지고 다시 전통매듭의 활성화가 되어 지기를 기대합니다.

2018년 9월

예산 이용제 (이희성) 교무

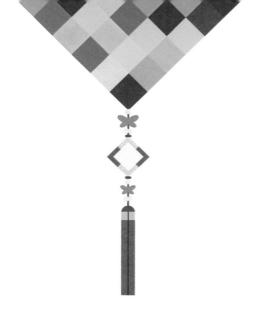

CONTENTS

이 책을 보는 방법

실이 바깥에서 접고, 감고, 갖다대는 상태

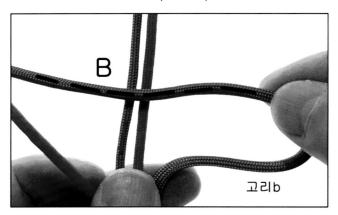

노란색 점선

실이 다른 지점 속을 통과하는 상태

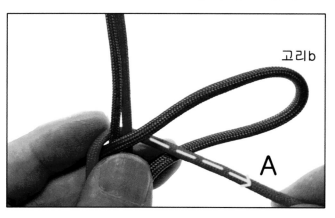

매듭에 필요한 도구

가위

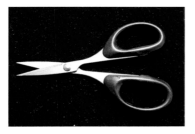

좁은 공간을 자를 수 있도록
끝이 날카로운 가위가 좋다

답비

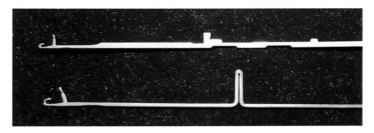

실을 좁은 공간에서 빼 내는 도구이다.
실의 굵기에 따라 답비를 골라 사용한다.

송곳

실을 잡아당기거나 틈을 벌일때 사용

돗바늘

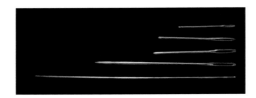

가락지를 만들거나 실을 집어 넣을때 사용

자

매듭의 간격을 일정하게 띄우고자 할 때
사용

롱로우즈

좁은 틈의 실을 잡아 당길 때 사용

매듭에 필요한 자재

오공본드

매듭에 풀 먹일 때 사용되며
201에서 205까지 자유롭게 사용

매듭이 풀리지 않도록 원액을 사용하기도 하며,
작품을 만든 후 변형을 방지하기 위하여
물에 10:1 정도로 희석하여 사용하기도 한다.

매듭에 필요한 실의 종류

실의 겉면 상태에 따라

- 깔깔한 상태 : 꼰사 (꼰소사, 세세사, 꼰중중사...)
- 밋밋한 상태 : 민사 (소사, 세사, 중중사...)

실의 굵기에 따라

- 0.9mm : 세세사, 민세사
- 1.6mm : 소사
- 1.7mm : 꼰소사, 고급소사
- 1.9mm : 중중사
- 2.0mm : 꼰중중사
- 2.8mm : 꼰중사, 중사

실의 보관 및 손질법

1 보빈에 감아 두면 실이 구겨지지 않고 보관이 쉽다.

2 실이 구겨졌을 때에는 스팀다리미 또는 주전자에 물을 끓여 김을 쪼여
   펼 수 있다.

3 물에 담근 후 물이 빠지도록 길게 늘어뜨려 걸어두기도 한다.

외도래 매듭

1가닥의 실을 이용하여
마무리 지을 때
사용하는 매듭

---

1 50cm 실 1가닥을 준비하여 실 끝이 오른
쪽을 향하도록 왼손으로 잡는다.

2 실 끝을 오른손으로 잡는다.

3 실 끝을 동그랗게 감아준다.

4 실을 왼쪽 방향으로 향하면서 감아준다.

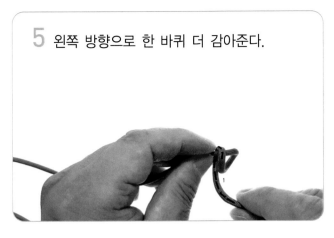

5 왼쪽 방향으로 한 바퀴 더 감아준다.

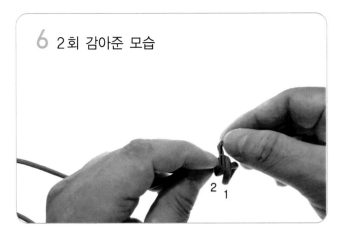

6 2회 감아준 모습

7 실 끝을 왼쪽으로부터 구멍에 끼워준다.

8 실을 오른쪽으로 당겨 낸다.

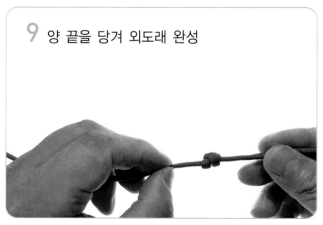

9 양 끝을 당겨 외도래 완성

10 외도래 완성

번데기 매듭

꼰디기, 꼰데기, 꼰도기라고도
하는데, 맺어진 모양이
번데기 모양이며
생활용품에 많이 사용

---

1 스트로우를 준비한다.
30cm 실 끝이 오른쪽을 향하도록 왼손으로 잡는다.

2 스트로우에 외도래와 같은 방법으로 1회 감아준다.

3 스트로우에 원하는 만큼 실을 감아준다.

4 스트로우에 원하는 만큼 실을 감아준다.

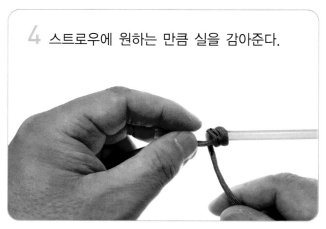

5 스트로우에 원하는 만큼 실을 감아준다.

6 스트로우에 원하는 만큼 실을 감아준다.

7 스트로우에 원하는 만큼 실을 감아준다.

8 감은 실이 풀리지 않도록 잘 잡은 후 왼쪽 이 위로 올라가도록 세운다.

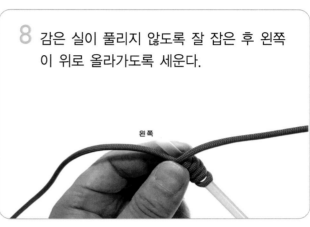

왼쪽

9 스트로우 속으로 실 끝을 넣는다.

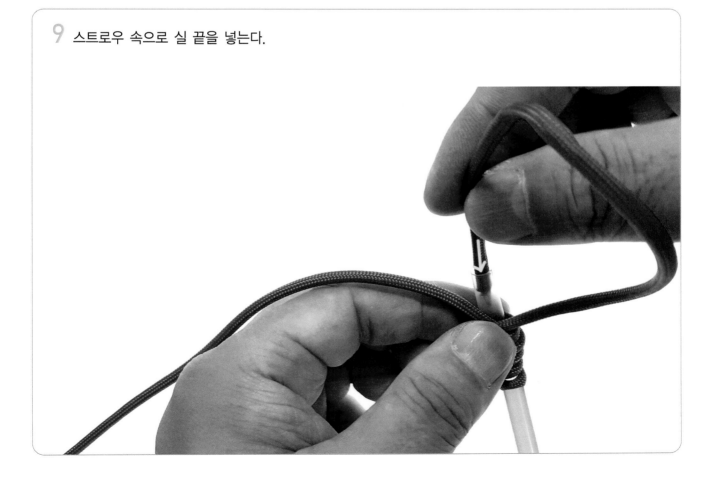

10 스트로우에 닿을 때까지 실을 아래로 당겨 뺀다.

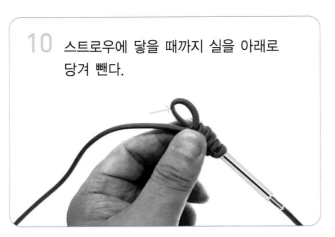

11 스트로우만 아래로 밀어 내린다.

12 위에서 보이지 않을 때까지 스트로우를 아래로 밀어 내린다.

13 실을 아래로 당겨 낸다

14 스트로우를 뺀다.

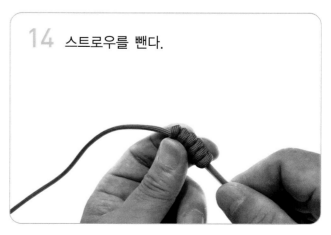

15 번데기 매듭을 주물러 만져주면서 감아
진 것이 흐트러지지 않게 조인다.

16 번데기 매듭을 주물러 만져주면서...
실 끝을 당겨서 조여준다.

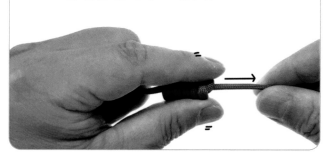

17 번데기 매듭 완성

18 번데기 매듭 팔찌

합장 매듭

두 개의 가닥이
아래위로 엇물린 모양의 매듭

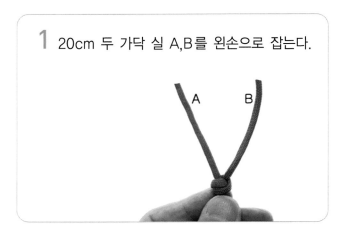

1 20cm 두 가닥 실 A,B를 왼손으로 잡는다.

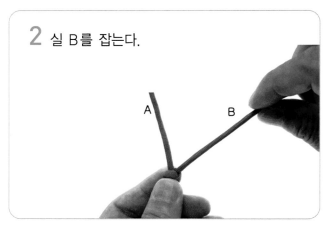

2 실 B를 잡는다.

3 실 B로 실 A를 e자 형태로 감는다.

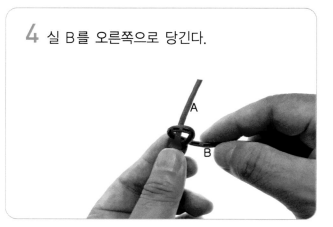

4 실 B를 오른쪽으로 당긴다.

5 실 A를 아래로 바짝 붙여준다.

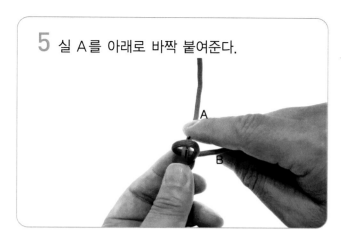

6 실 A를 시작점에 바짝 붙여서 감아준다.

7 실 A를 시작점에 바짝 붙여서 당겨온다.

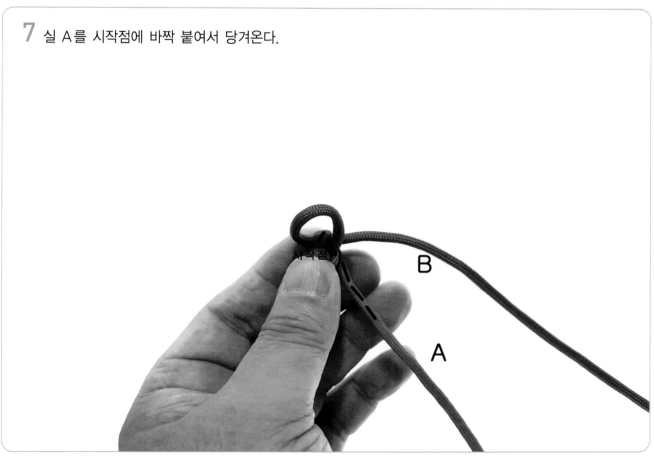

8 실 A 끝을 잡고

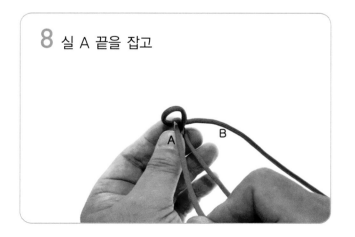

9 실 B의 고리 속으로 넣는다.

10 실 A를 당겨 낸다.

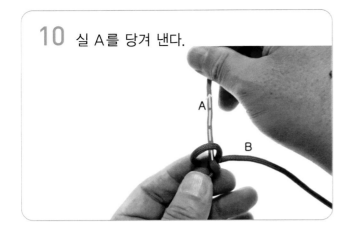

11 실 B를 잡고

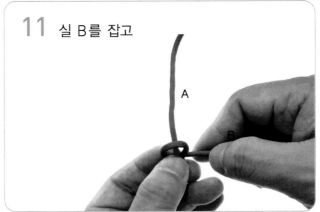

12 실 B를 당겨 조인다.

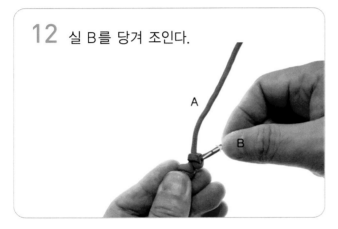

13 합장매듭 완성
완성후 실의 위치가
바뀌지 않는다.

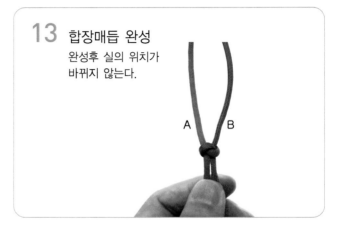

14 합장매듭 팔찌

평 매듭

악세사리를
제작할때 기본으로
가장 많이
사용하는 매듭

1 속실 20cm 2가닥과 평매듭을 할 50cm
두 가닥 실
A,B를 준비한다.

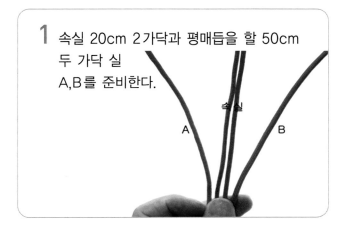

2 오른쪽 실 B를 속실 위로 올린다.
고리b 생성

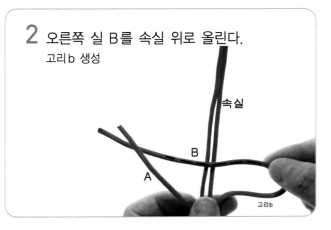

3 넘어온 실 B 위로 실 A를 올린다.

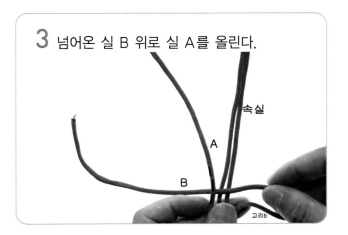

4 실 A를 속실 아래로 넣는다.

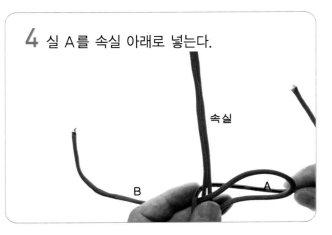

5 실 A를 고리 b 속으로 넣는다.

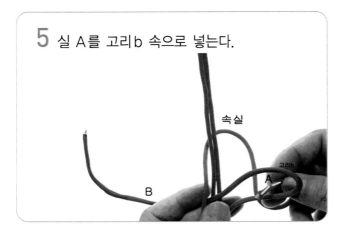

6 실 A를 바짝 당겨 조인다.

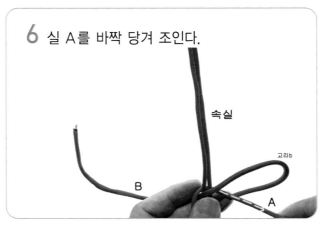

7 실 B를 바짝 당겨 조인다.

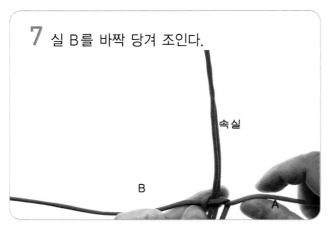

8 실 B를 속실 위로 올린다.
언제나 실 B는 위로 올린다.

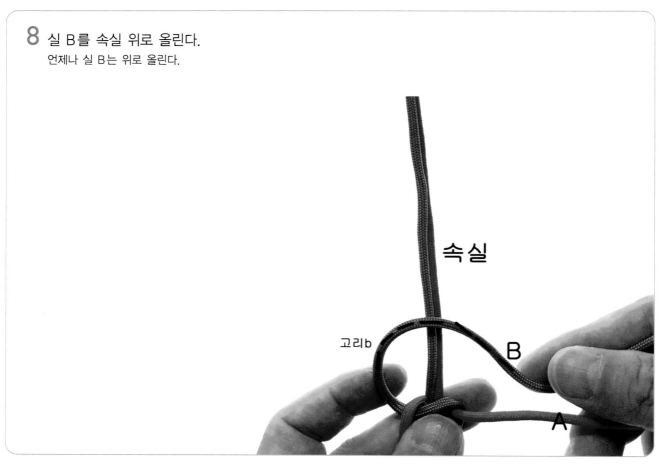

9 넘어온 실 B 위로 실 A를 올린다.

속실

고리b

A

B

10 실 A를 속실 아래로 놓는다.
언제나 실 A는
아래로 놓는다.

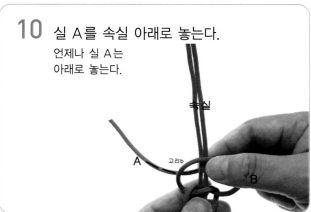

11 실 A를 고리b 속으로 빼낸다.

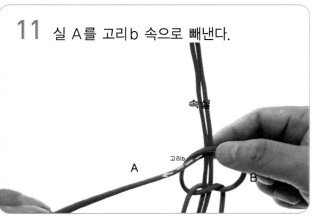

12 두 실 A,B를 당겨 조여준다.
평매듭 2회가 한쌍이다.

13 평매듭으로 만든 이어폰 보호대

정자 매듭(가로)

井자 모양으로 맺은 매듭

---

1 50cm 두가닥 실 A,B를 왼손으로 잡는다.

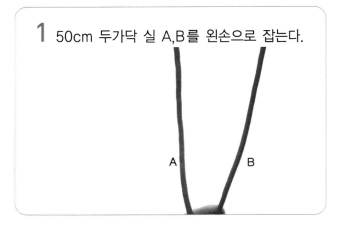

2 실 A를 왼손 집게 손가락 위로 놓는다.

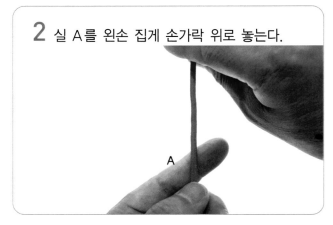

3 실 A를 왼손 집게 손가락에 한바퀴 감는다.

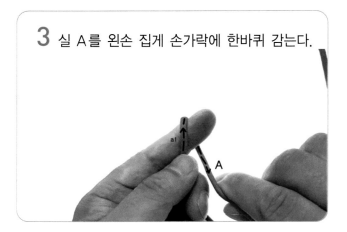

4 실 A를 왼손 집게 손가락에 한바퀴 더 감는다.

5 손가락을 빼고 a1, a2를 잡는다.

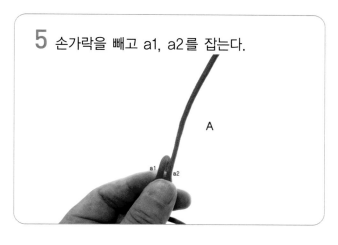

6 실 B를 잡는다.

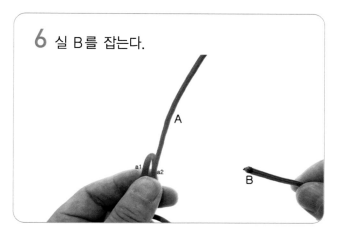

7 실 B를 a2 아래로 넣는다.

8 실 B를 a1 위로 당겨 낸다.

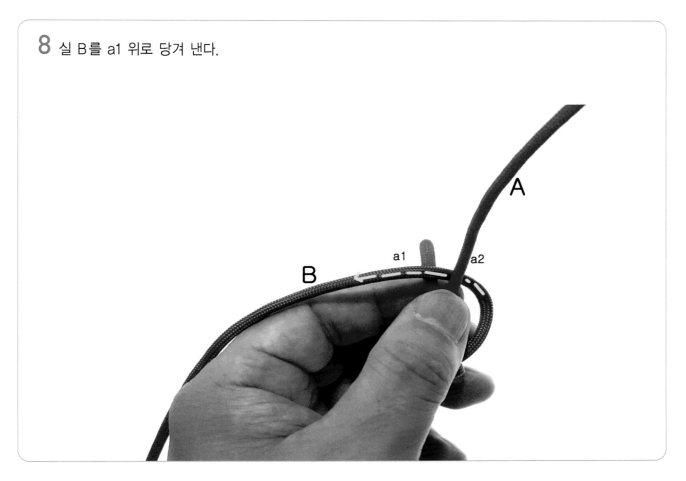

9 실 B를 a1, a2 구멍으로 뺀다.

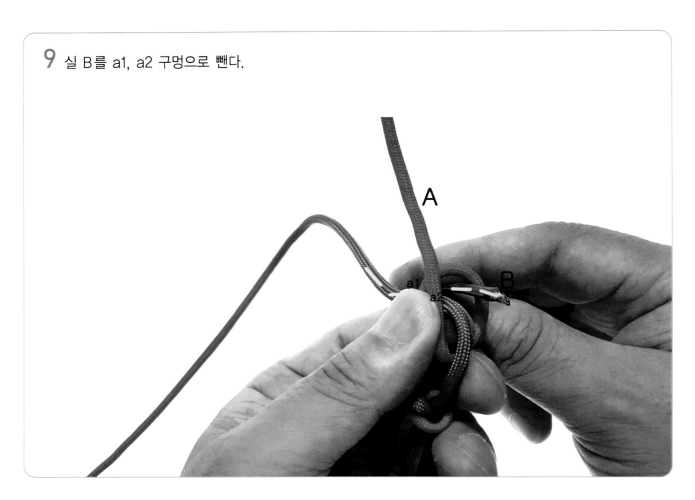

10 실 B를 끝까지 당겨 낸다.

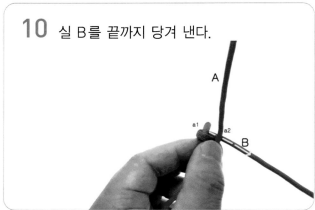

11 실 B를 a2 위로 넘긴다.

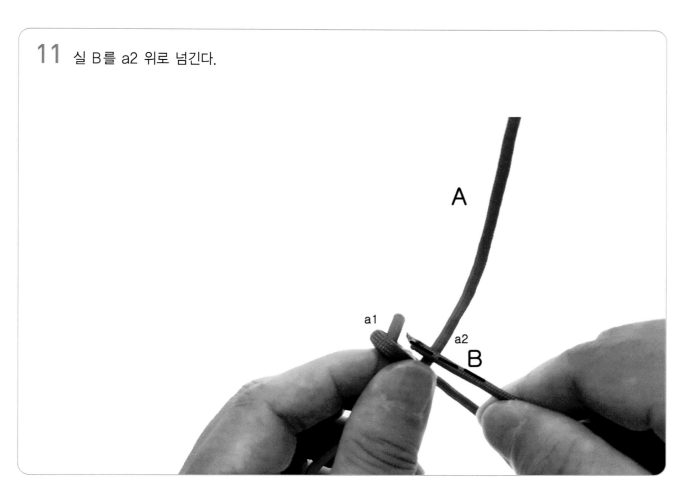

12 실 B를 a1 속으로 넣는다.

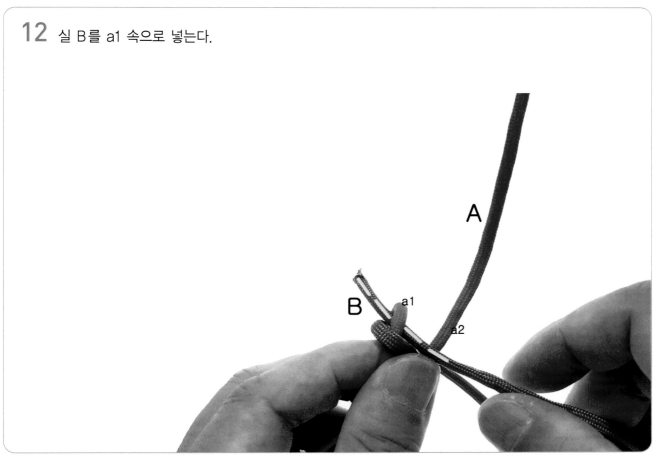

13 실 B를 당겨 낸다.

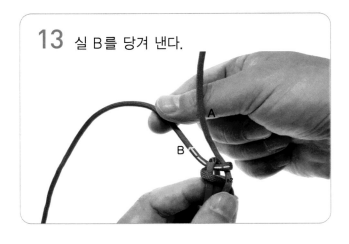

14 양 끝 4가닥 실을 잡고 조여준다.

15 정자매듭(가로) 완성

16 정자매듭 팔찌

정자 매듭(사각)

井자 모양으로 맺은 매듭

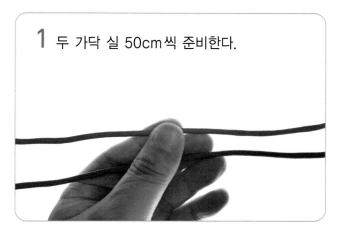

1 두 가닥 실 50cm씩 준비한다.

2 한 가닥을 위로 올려 직각이 되도록 교차한다.

3 A를 접어 B 위로 넘긴다.

4 B를 접어 C 위로 넘긴다.

5 C를 접어 D 위로 넘긴다.

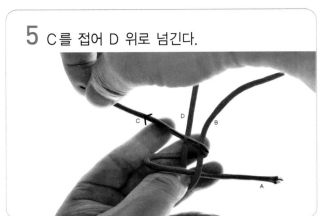

6 D를 접어 A안으로 넣는다.

7 4군데 끝을 잡고

8 좌우로 당겨서 조여준다.

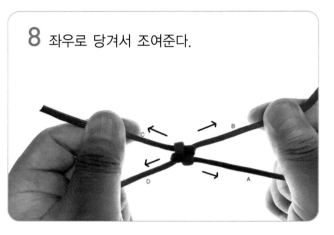

9 C를 접어 처음 위치로 돌려 놓는다. (B 위로 올린다.)
어느 것을 먼저 하여도 상관 없음

10 B를 접어 처음 위치로 돌려 놓는다.
　　(A 위로 올린다.)

11 A를 접어 처음 위치로 돌려 놓는다.
　　(D 위로 올린다.)

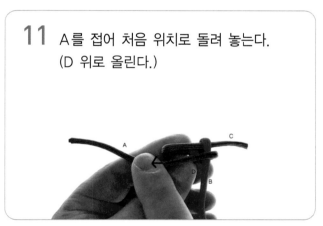

12 D를 접어 처음 위치로 돌려 놓는다.
　　(C 안으로 넣는다.)

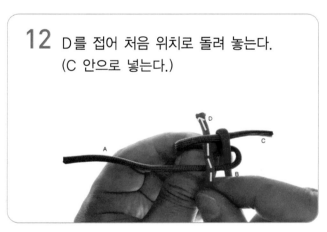

13 4군데를 잡고

14 좌우로 당겨서 조여준다.

15 원하는 길이 만큼 순서 9~순서14까지
반복한다.

16 정자 사각기둥은 한쪽 면이 같은 실로
채워진다.

위에서 보았을 때
정4각형 모양

17 정자매듭(사각) 가방걸이

정자 매듭(윈)

井자 모양으로 맺은
동그란 매듭

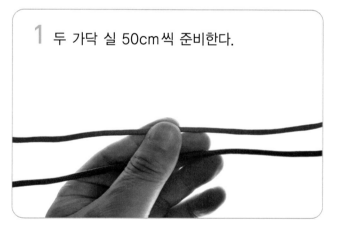

1 두 가닥 실 50cm씩 준비한다.

2 한 가닥을 위로 올려 직각이 되도록 교차한다.

3 A를 접어 B 위로 넘긴다.

4 B를 접어 C 위로 넘긴다.

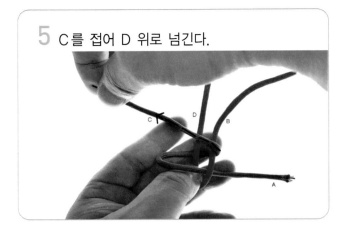

5 C를 접어 D 위로 넘긴다.

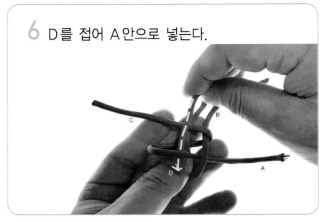

6 D를 접어 A안으로 넣는다.

7 4군데 끝을 잡고

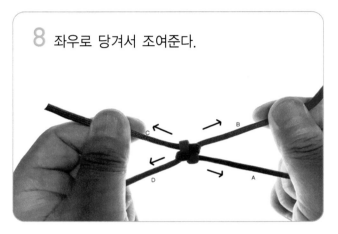

8 좌우로 당겨서 조여준다.

9 C를 접어 D위로 사선으로 넘긴다.

10 D를 접어 A 위로 사선으로 넘긴다.

11 A를 접어 B 위로 사선으로 넘긴다.

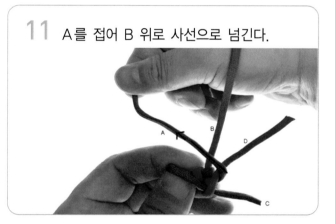

12 B를 접어 C 안으로 넣는다.

13 B를 당겨 내고

14 4군데 끝을 잡고 당겨 조인다.

15 원하는 길이 만큼 순서 9~순서 14까지
반복한다.

16 정자 원기둥은 서로 다른 실이 번갈아
가며 엮어진다.

위에서 보았을 때
원 모양

17 정자매듭(원으로 감싼 답비)

거꾸로 정자 매듭

정자매듭(사각, 원)을
마무리 할 때 사용

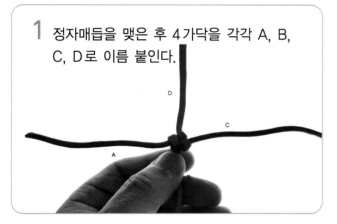

1 정자매듭을 맺은 후 4가닥을 각각 A, B, C, D로 이름 붙인다.

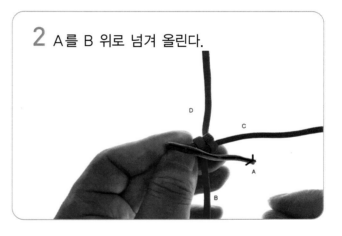

2 A를 B 위로 넘겨 올린다.

3 B를 C 위로 넘겨 올린다.

4 C를 D 위로 넘겨 올린다.

5 D를 A가 접힌 구멍 속으로 집어 넣는다.

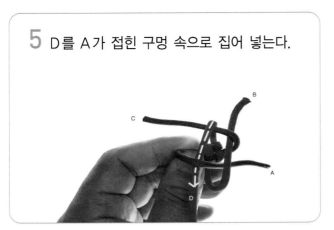

6 D를 잡고

7 A 밑으로 지나서 가운데 속으로 올라온다.

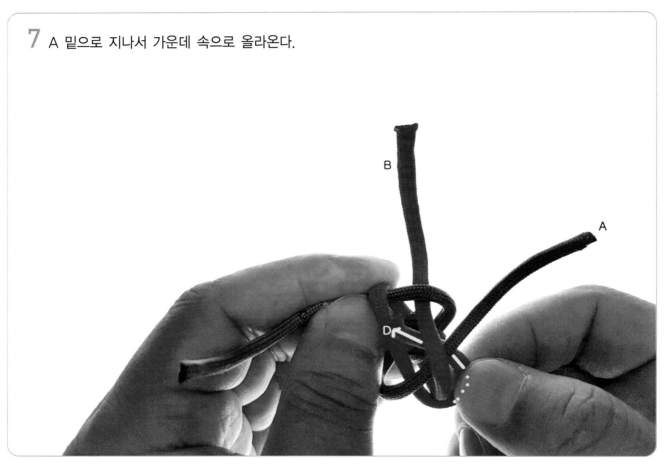

8 A를 잡고

9 B 밑으로 지나서 가운데 속으로 올라온다.

10 B를 잡고

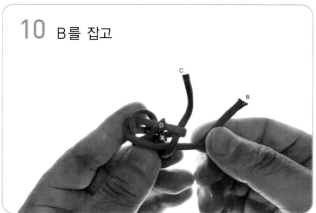

11 C 밑으로 지나서 가운데 속으로 올라온다.

12 C를 잡고

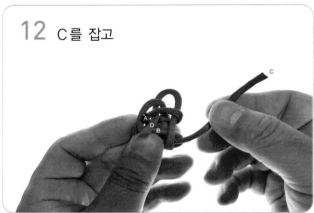

13 D 밑으로 지나서 가운데 속으로 올라온다.

14 양 끝을 잡고

15 좌우로 당겨 조여준다.

16 아래에서 올라온 4가닥 실을 순서대로 조여준다.

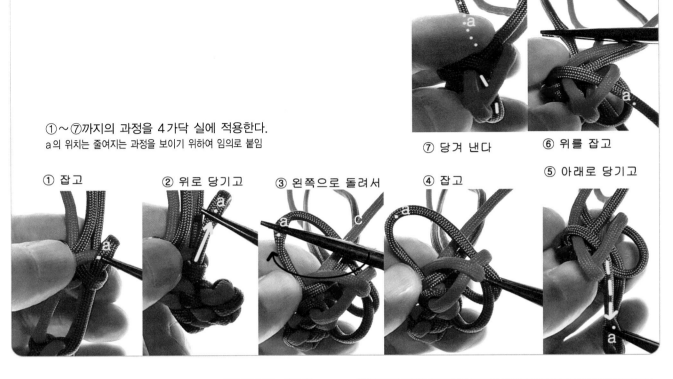

①～⑦까지의 과정을 4가닥 실에 적용한다.
a의 위치는 줄여지는 과정을 보이기 위하여 임의로 붙임

⑦ 당겨 낸다　　⑥ 위를 잡고
　　　　　　　　⑤ 아래로 당기고

① 잡고　　② 위로 당기고　　③ 왼쪽으로 돌려서　　④ 잡고

17 4가닥 실을 전부 조여준 상태

18 위에서 본 모습
4가닥 실이 한 곳으로 모여있다.

19

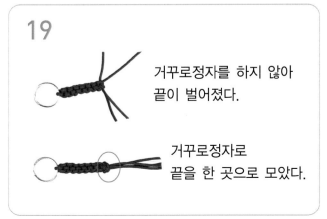

거꾸로정자를 하지 않아
끝이 벌어졌다.

거꾸로정자로
끝을 한 곳으로 모았다.

도래 매듭

한 가닥 실을 두 가닥으로
나누기 위하여
매듭의 처음에 맺으며,
매듭이 풀어지지 않도록
고정하거나, 끝 마무리 할 때
맺는 매듭

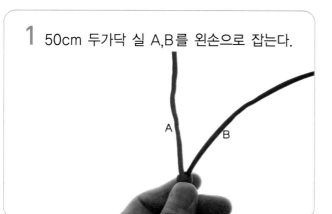

1 50cm 두가닥 실 A,B를 왼손으로 잡는다.

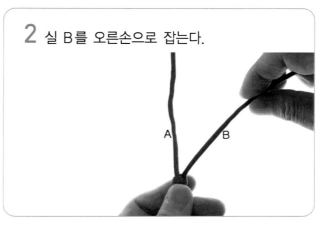

2 실 B를 오른손으로 잡는다.

3 실 A에 e자 모양으로 한바퀴 감는다.

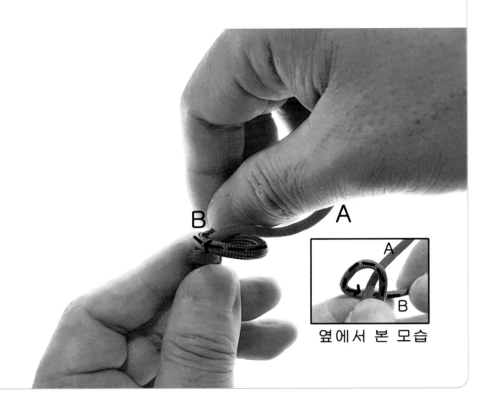

옆에서 본 모습

4 실 B를 오른쪽에서 잡는다.

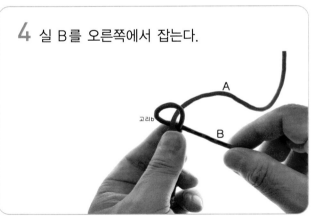

5 실 B의 끝을 잡고

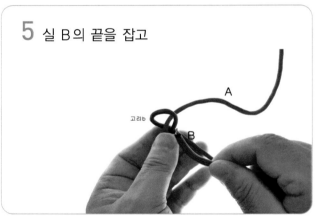

6 고리 b 속으로 통과

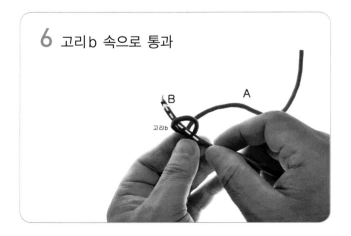

7 실 B를 당겨내고

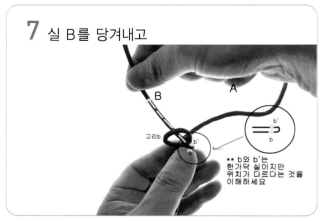

** b와 b'는
한가닥 실이지만
위치가 다르다는 것을
이해하세요

8 실 B의 b 지점을 잡고

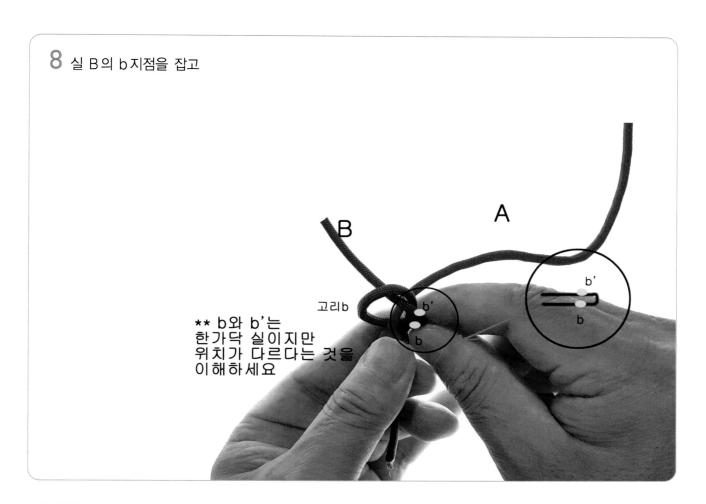

B

A

고리b

** b와 b'는
한가닥 실이지만
위치가 다르다는 것을
이해하세요

b'

b'

b

b

---

9 b를 당겨낸다. b'는 움직이지 않도록

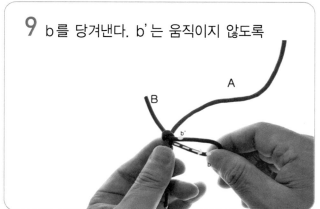

B

A

b'

b

---

10 실 A를 잡고

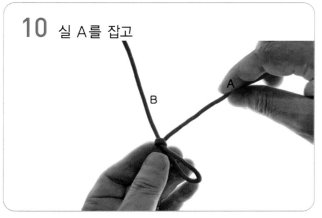

B

A

11 실 A를 실 B 옆으로 댄다.

바짝 붙이지 않고 고리a가
생기도록 느슨하게 한다.

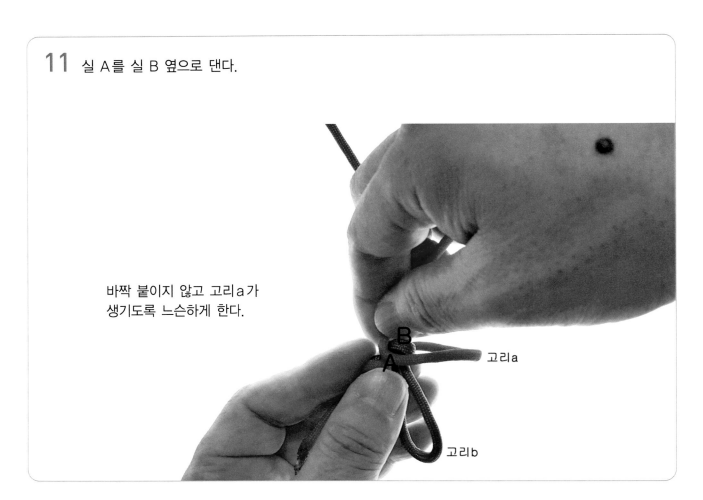

12 실 A를 오른쪽으로 넘긴다.

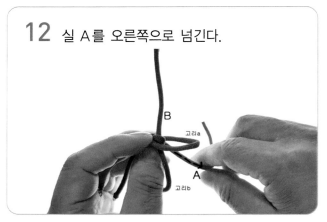

13 고리b와 실 A를 나란히 놓는다.

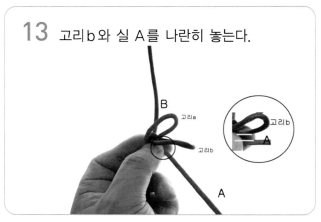

14 실 A끝을 잡고

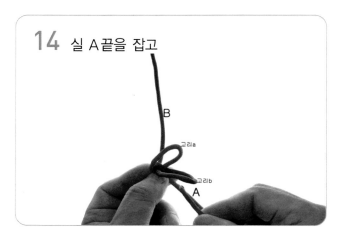

15 실 A끝을 잡고 고리 b와 고리 a 속으로 통과시킨다.

원 속의 두 실이 나란히
놓여지도록 한다.

16 실 B를 잡고

17 실 B를 당겨 고리 b를 조여준다.

18 실 A를잡고

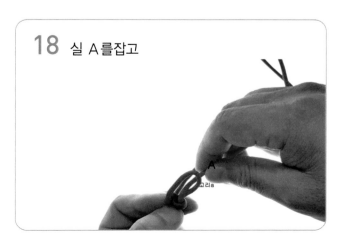

19 오른손 엄지로 고리 a를 밀어준다.

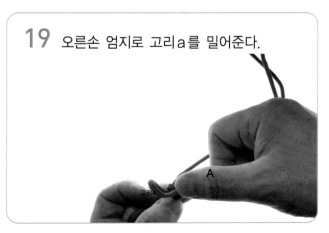

20 왼손 엄지로 고리 a를 살짝 잡아준다.

21 오른손으로 실 A를 당겨 고리 a를 조여
준다.

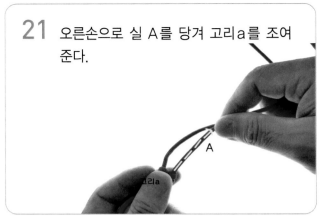

22 도래매듭 완성

23 도래매듭 팔찌

조세핀 매듭

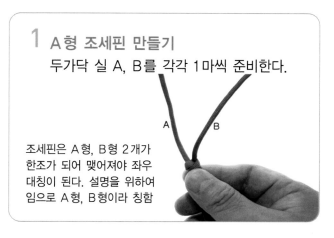

1 A형 조세핀 만들기

두가닥 실 A, B를 각각 1마씩 준비한다.

조세핀은 A형, B형 2개가
한조가 되어 맺어져야 좌우
대칭이 된다. 설명을 위하여
임으로 A형, B형이라 칭함

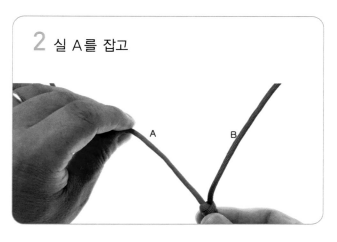

2 실 A를 잡고

3 실 끝이 아래에 있는 원a를 만든다.

4 실 B를 잡고

5 원a 위에 걸쳐준다.

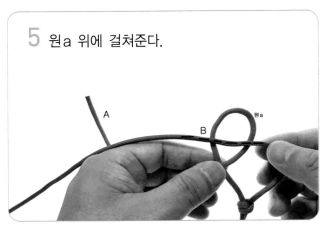

6 원a와 실 B 겹치는 부분을 오른손으로 잡고

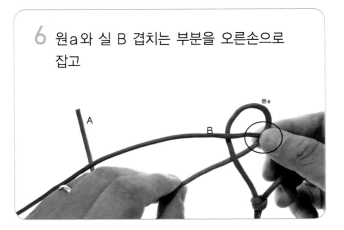

7 실 A 밑으로 실 B를 교차시킨다.

8 실 B를 1번 위로 2번 아래로 3번 위로 4번 아래로 통과시킨다.

9 실 B를 1번 위로 2번 아래로 3번 위로 4번 아래로 통과시킨다.

10 실 B를 1번 위로 2번 아래로
3번 위로 4번 아래로 통과시킨다.

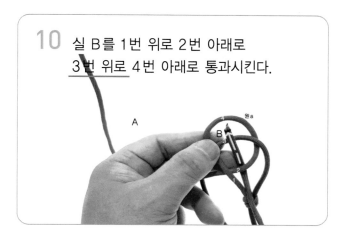

11 실 B를 1번 위로 2번 아래로
3번 위로 4번 아래로 통과시킨다.

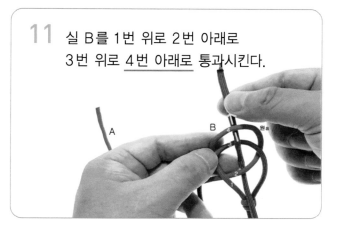

12 실 B를 당겨 낸다.

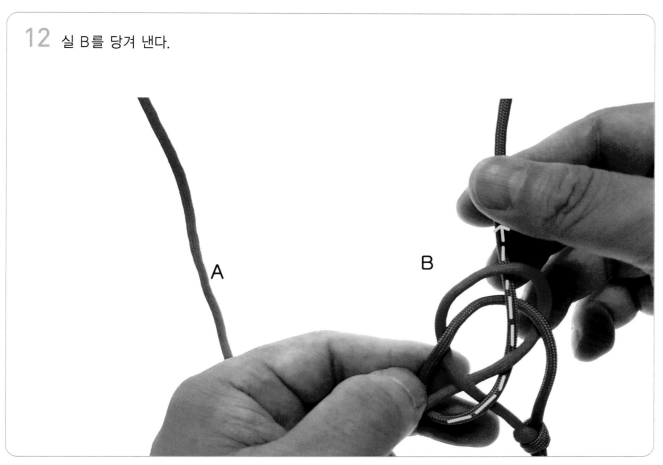

13 시작점에 연결된 두 부분을 잡고

14 옆으로 벌리면서 시작점에 붙인다.

15 왼손으로 가운데를 잡고 오른쪽 실을 잡는다.

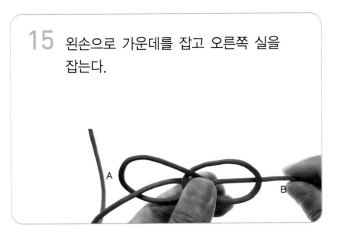

16 오른쪽을 당겨 조인다.

17 오른손으로 가운데를 잡고 왼쪽 실을 잡는다.

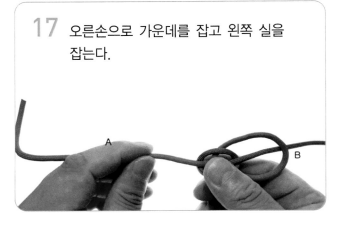

18 당겨 조인다.

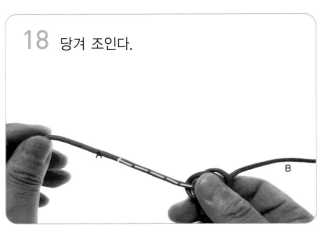

19 A형 조세핀 완성

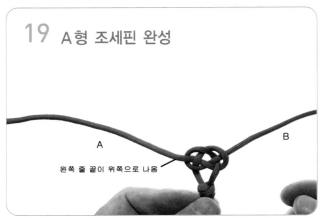

왼쪽 줄 끝이 위쪽으로 나옴

20 B형 조세핀 만들기
왼쪽 실을 잡고

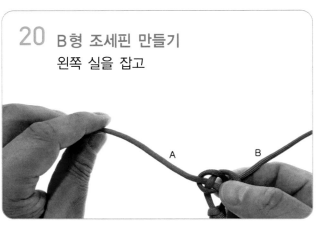

21 실 끝이 위로 올라온 원a를 만든다.
(A형과 반대)

22 실 B를 잡고

23 원a 밑으로 댄다. (순서 25와 반대)

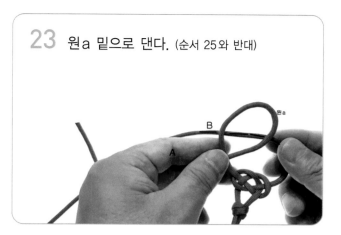

24 실 B를 실 A 위로 올려

25 실 B를 실 A 위로 올려 교차한다.

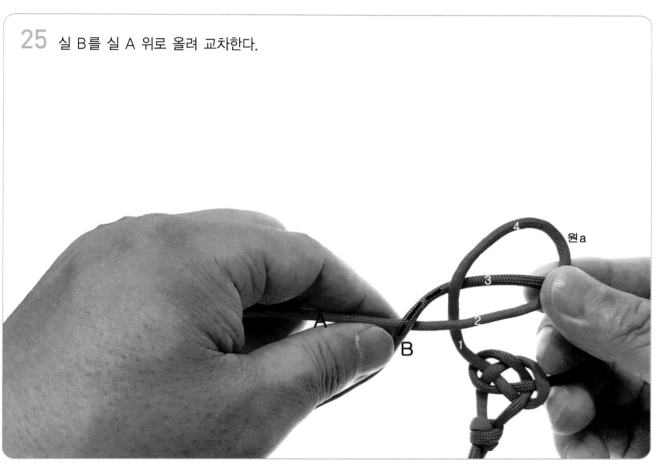

26 실 B를 <u>1번 아래로</u> 2번 위로
3번 아래로 4번 위로 통과시킨다.
(A형 조세핀과 반대)

27 실 B를 1번 아래로 <u>2번 위로</u>
3번 아래로 4번 위로 통과시킨다.
(A형 조세핀과 반대)

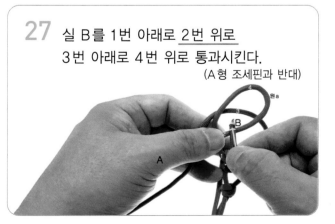

28 실 B를 1번 아래로 2번 위로
3번 아래로 4번 위로 통과시킨다.
(A형 조세핀과 반대)

29 실 B를 1번 아래로 2번 위로
3번 아래로 4번 위로 통과시킨다.
(A형 조세핀과 반대)

30 실 B를 당겨 낸다.

31 시작점에 연결된 두 부분을 잡고
(순서 13과 동일)

32 옆으로 벌리면서 시작점에 붙인다.
(순서 14와 동일)

33 양쪽 날개 줄이기는 순서 15~18 참조

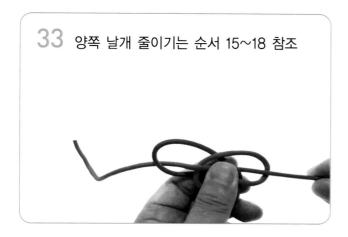

34 B형 조세핀 완성

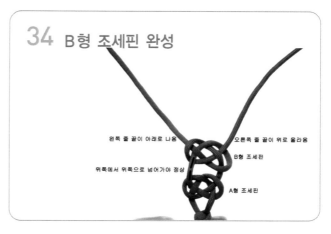

왼쪽 줄 끝이 아래로 나옴
오른쪽 줄 끝이 위로 올라옴
B형 조세핀
위쪽에서 위쪽으로 넘어가야 정상
A형 조세핀

35 조세핀과 생쪽으로 만든 브로치

거북이 매듭

거북이 등껍질 모양의 매듭

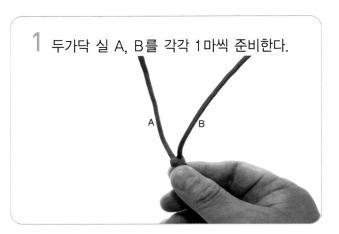

1 두가닥 실 A, B를 각각 1마씩 준비한다.

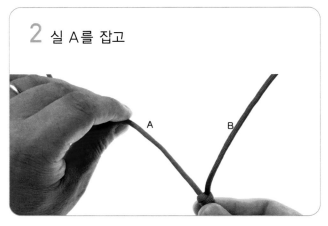

2 실 A를 잡고

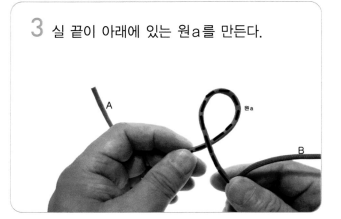

3 실 끝이 아래에 있는 원a를 만든다.

4 실 B를 잡고

5 원a 위에 걸쳐준다.

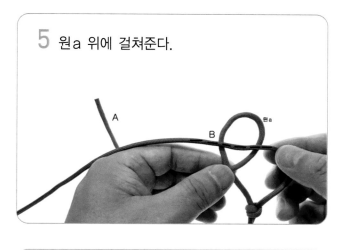

6 원a와 실 B 겹치는 부분을 오른손으로
잡고

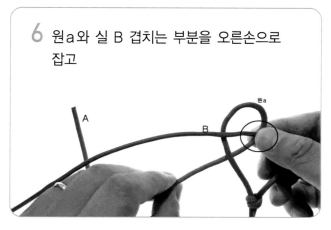

7 실 A 밑으로 실 B를 교차시킨다.

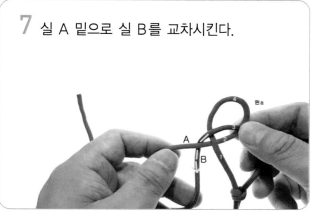

8 실 B를 <u>1번 위로</u> 2번 아래로
3번 위로 4번 아래로 통과시킨다.

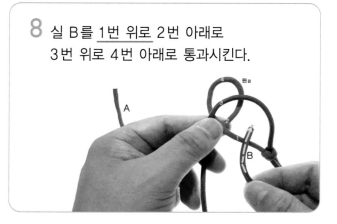

9 실 B를 1번 위로 <u>2번 아래로</u>
3번 위로 4번 아래로 통과시킨다.

10 실 B를 1번 위로 2번 아래로
<u>3번 위로</u> 4번 아래로 통과시킨다.

11 실 B를 1번 위로 2번 아래로
3번 위로 <u>4번 아래로</u> 통과시킨다.

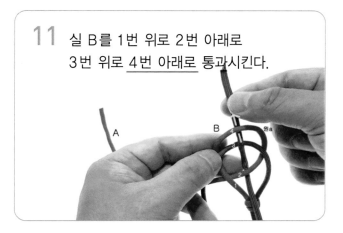

12 실 B를 당겨 낸다.

13 매듭을 바로 세워서 오른손으로 잡는다.

위쪽 공간

b

위쪽 공간과 아래쪽 공간은
순서 21과 순서 22에서
필요하여 미리 일러둡니다.

B 아래쪽 공간

14 b를 잡아 실 끝을 위로 빼낸다.

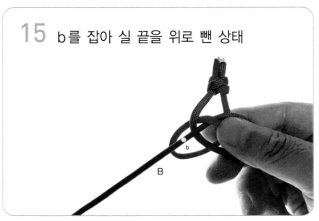

15 b를 잡아 실 끝을 위로 뺀 상태

16 왼손으로 옮겨 잡고

17 a를 잡아 실 끝을 아래로 빼낸다.

18 a를 잡아 실 끝을 아래로 뺀 상태

19 오른손으로 옮겨 잡고 실 A가 움직이지
않도록 손가락을 이용
하여 잡아준다.

실A 노란점 위치가
움직이면 끼워야 할 곳을
잃어버리게 됨

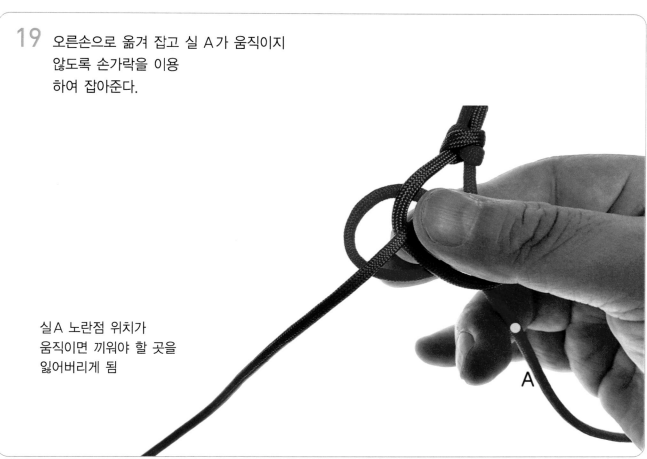

20 실 A를 왼쪽 실 B 뒤쪽으로 당긴다.

실A 노란점 위치가
움직이면 끼워야 할 곳을
잃어버리게 됨

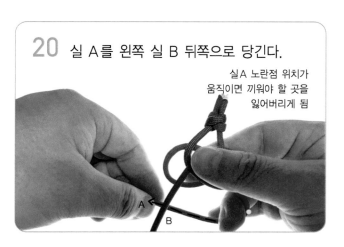

21 원a 아래에서 위쪽 공간으로 올린다.

순서 13에서 보았던 위쪽공간과
아래쪽 공간 기억하세요.

실A 노란점 위치가
움직이면 끼워야 할 곳을
잃어버리게 됨

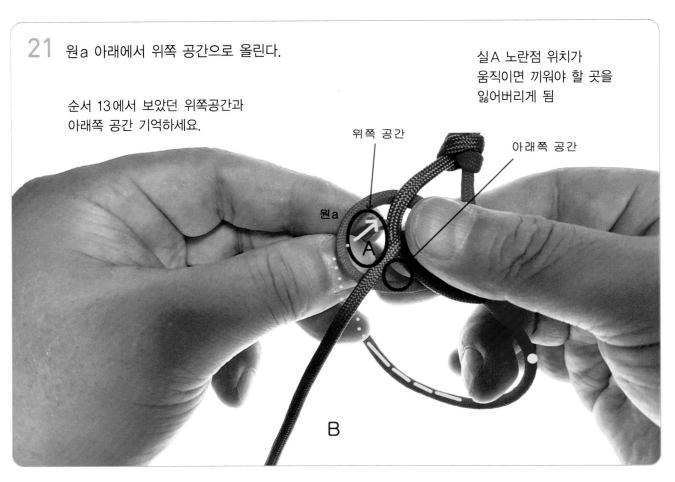

위쪽 공간

아래쪽 공간

원a

A

B

22 원a 아래쪽 공간으로 넣는다.

순서 13에서 보았던 위쪽공간과
아래쪽 공간 기억하세요.

실A 노란점 위치가
움직이면 끼워야 할 곳을
잃어버리게 됨

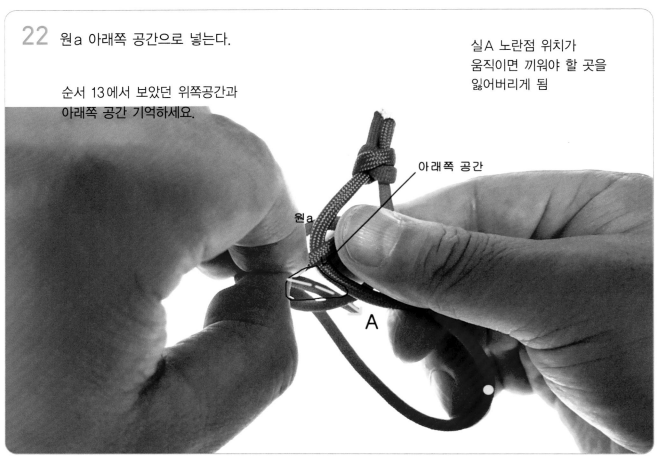

아래쪽 공간

원a

A

23 실 A 노란점(●) 아래쪽으로 손을 넣어
실 A를 잡는다.

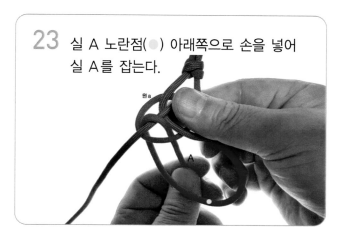

24 실 A를 밑으로 당겨 내린다.

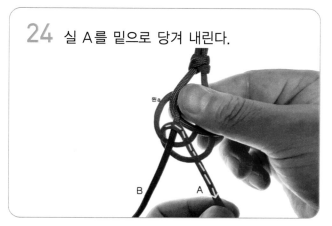

25 실을 번호 순서대로 정리한다.

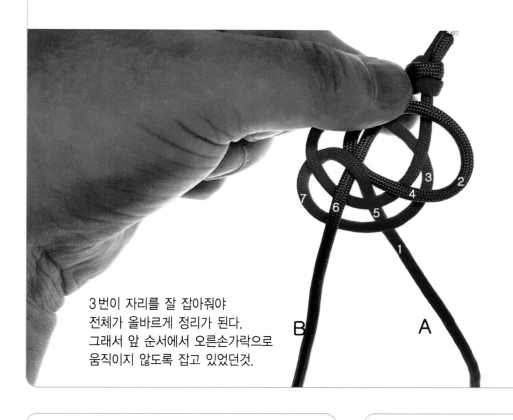

3번이 자리를 잘 잡아줘야
전체가 올바르게 정리가 된다.
그래서 앞 순서에서 오른손가락으로
움직이지 않도록 잡고 있었던것.

실 B를
1 아래
2 위로
3 아래
4 위로
5 아래
6 위로
7 아래로
꿰어준다.

26 실 B를 <u>1 아래</u> 2 위로 3 아래 4 위로
5 아래 6 위로 7 아래로 꿰어준다.

27 실 B를 1 아래 <u>2 위로</u> 3 아래 4 위로
5 아래 6 위로 7 아래로 꿰어준다.

28 실 B를 1 아래 2 위로 <u>3 아래 4 위로</u> 5 아래 6 위로 7 아래로 꿰어준다.

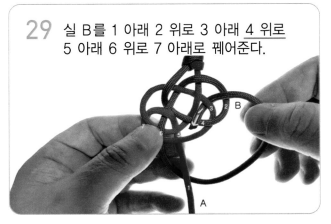

29 실 B를 1 아래 2 위로 3 아래 <u>4 위로</u> 5 아래 6 위로 7 아래로 꿰어준다.

30 실 B를 1 아래 2 위로 3 아래 4 위로 <u>5 아래</u> 6 위로 7 아래로 꿰어준다.

31 실 B를 1 아래 2 위로 3 아래 4 위로 5 아래 <u>6 위로</u> 7 아래로 꿰어준다.

32 실 B를 1 아래 2 위로 3 아래 4 위로 5 아래 6 위로 <u>7 아래로</u> 꿰어준다.

33 거북이 매듭 완성

34 거북이 매듭 열쇠고리

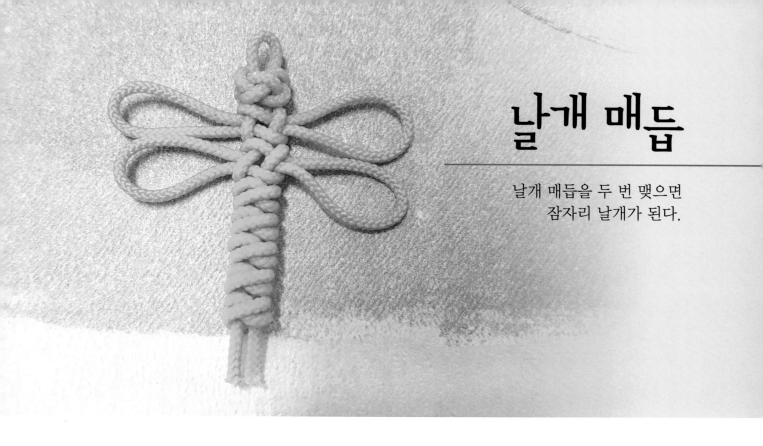

날개 매듭

날개 매듭을 두 번 맺으면
잠자리 날개가 된다.

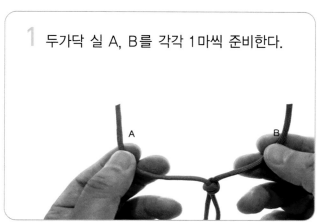

1 두가닥 실 A, B를 각각 1마씩 준비한다.

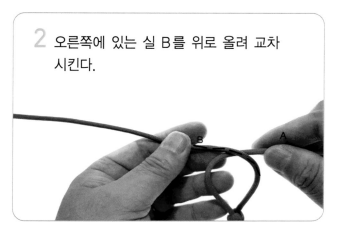

2 오른쪽에 있는 실 B를 위로 올려 교차
시킨다.

3 두 실을 1회 묶어준다.
몸통a, 몸통b가 만들어졌다.

4 오른손으로 b몸통을 잡고 왼손으로 실
B를 잡아준다.

5 실 B를 접어서 몸통 위로 올려준다.
날개 b가 만들어진다.

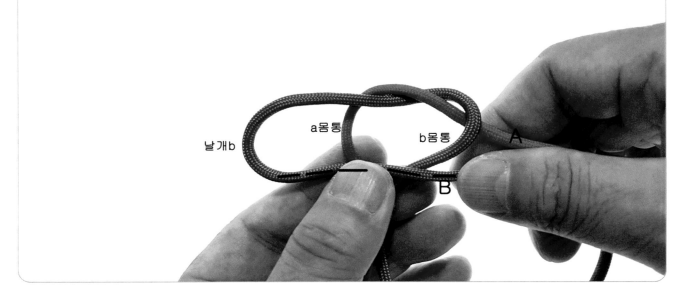

6 왼손으로 a몸통을 잡고 오른손으로 실 A
를 잡는다.

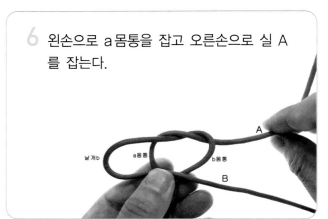

7 실 A를 몸통 아래쪽으로 가져다 댄다.
날개a가 만들어진다.

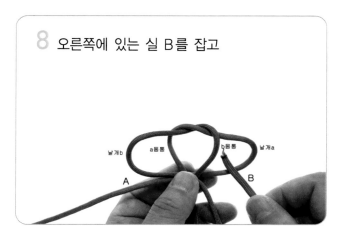

8 오른쪽에 있는 실 B를 잡고

9 b몸통 아래로 넣는다.

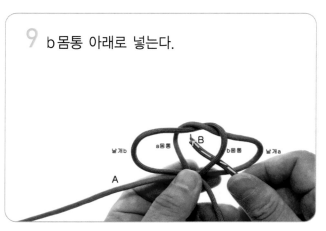

10 실 B를 조금 당겨 내어서

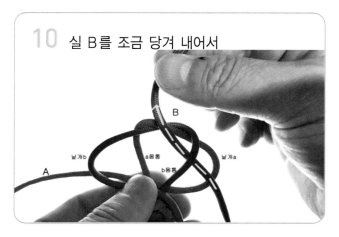

11 날개a 아래로 내려준다.

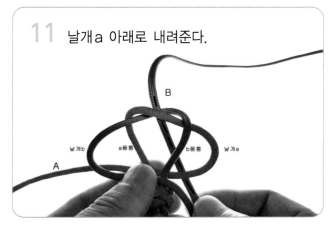

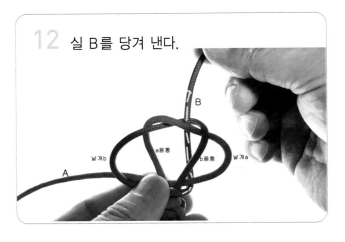

12 실 B를 당겨 낸다.

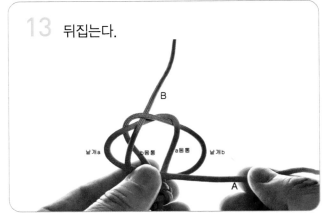

13 뒤집는다.

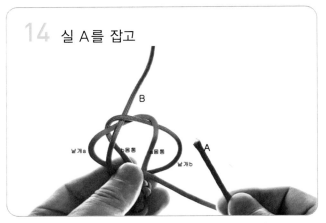

14 실 A를 잡고

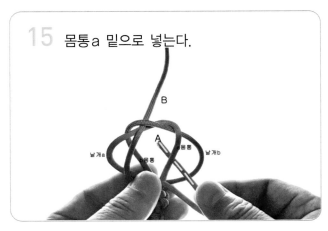

15 몸통a 밑으로 넣는다.

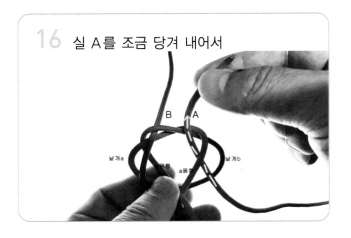

16 실 A를 조금 당겨 내어서

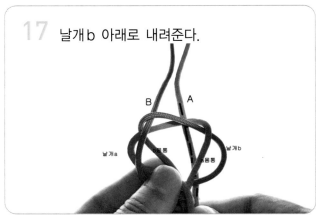

17 날개b 아래로 내려준다.

18 실 A를 당겨 낸다.

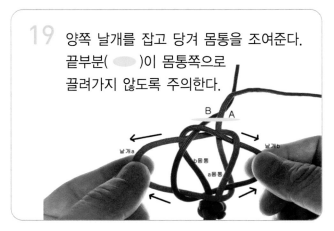

19 양쪽 날개를 잡고 당겨 몸통을 조여준다.
끝부분(⬭)이 몸통쪽으로
끌려가지 않도록 주의한다.

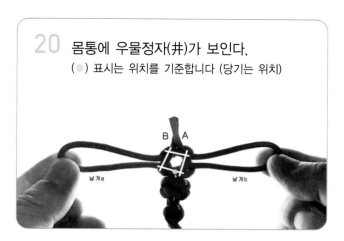

20 몸통에 우물정자(井)가 보인다.
(●) 표시는 위치를 기준합니다 (당기는 위치)

21 아래쪽 (●)을 잡고

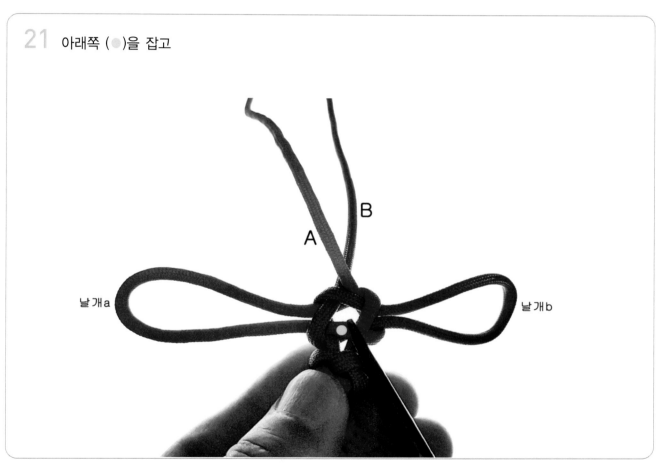

22 당겨서 날개a를 조절한다.

23 오른쪽 실 끝을 잡고

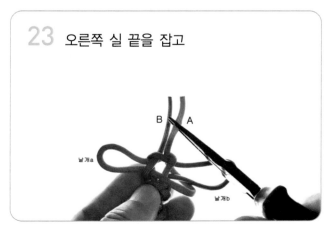

24 당겨서 조인다.

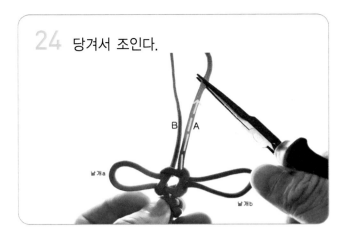

25 뒤집는다.

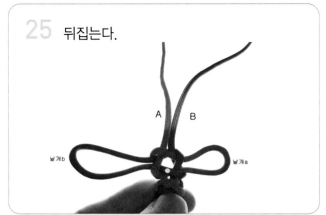

26 아래쪽 (●)을 잡고

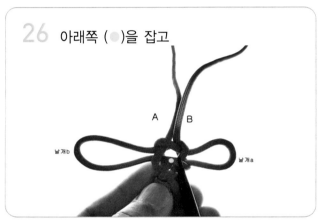

27 당겨서 날개b를 조절한다.
(순서 22와 동일)

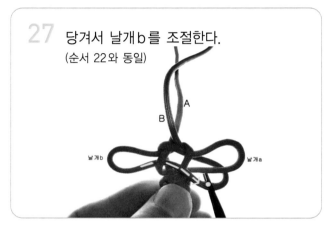

28 오른쪽 실 B를 잡고
(순서 23과 동일)

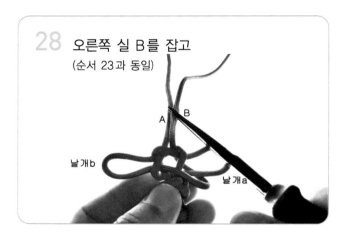

29 당겨서 조인다.
(순서 24와 동일)

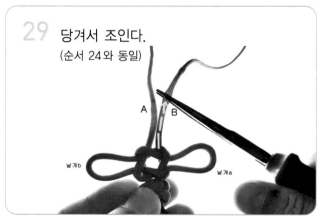

30 날개 매듭 완성

31 잠자리 매듭

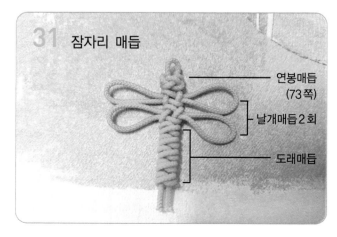

연봉매듭
(73쪽)

날개매듭2회

도래매듭

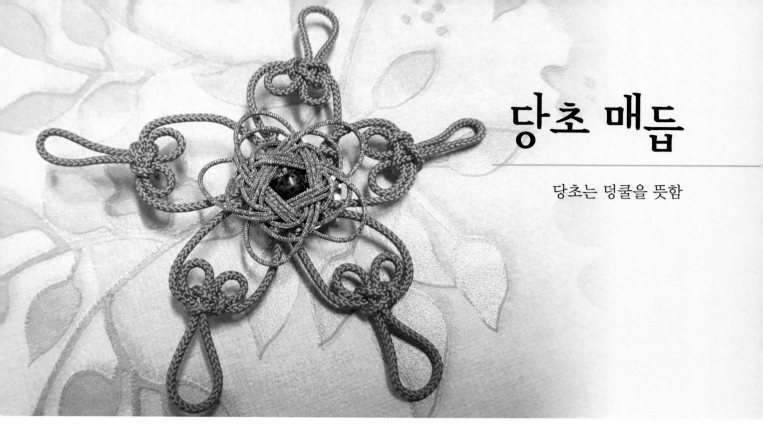

당초 매듭

당초는 덩쿨을 뜻함

1 1마 길이의 실 1가닥을 준비한다.

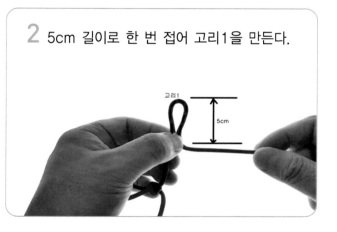

2 5cm 길이로 한 번 접어 고리1을 만든다.

고리1

5cm

3 5cm 정도 띄워서 고리2를 만든다.

고리1   고리2

5cm

4 고리1을 고리2 위에 직각으로 올린다.

5 왼손으로 옮겨 잡고

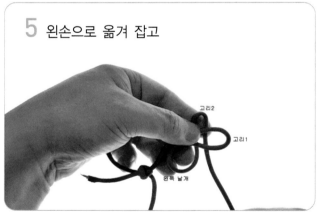

6 실 끝을 잡는다.

7 고리1 속으로 위에서 넣는다.

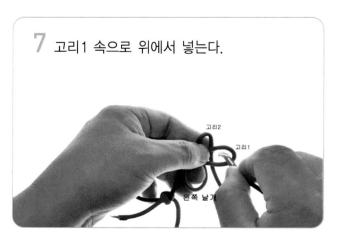

8 왼쪽날개로 빠져 나온다.

고리2
고리1
왼쪽 날개

9 실을 당겨 오른쪽 날개 길이를 조정한다.

고리2
고리1
오른쪽 날개
왼쪽 날개

10 실을 고리2 뒤로 넘긴다.

고리2
고리1
오른쪽 날개
왼쪽 날개

11 실 끝을 잡고

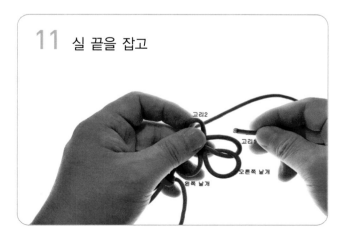

고리2
고리1
오른쪽 날개
왼쪽 날개

12 고리1 속으로 올라온다.

13 실을 당겨 낸다.

14 시작점과 왼쪽날개를 함께 잡고 실끝과 오른쪽 날개를 함께 잡아

15 양쪽으로 당겨서 고리1과 고리3을 조여 준다.

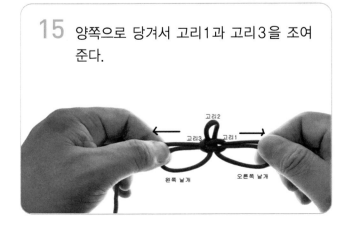

16 고리1을 잡고

17 고리1을 당겨서 시작점을 붙인다.

18 왼쪽날개를 잡고

19 왼쪽날개를 당겨서 고리1을 조여준다.

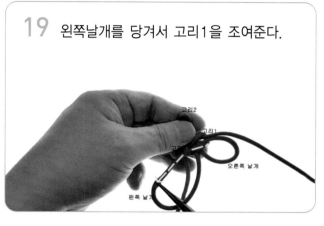

20 고리2를 잡고

21 고리2를 당겨서 왼쪽날개 크기를 조절
한다.

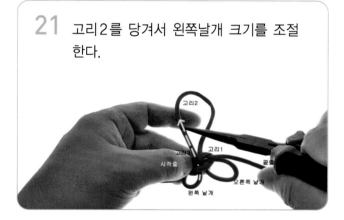

22 오른쪽 날개를 잡고

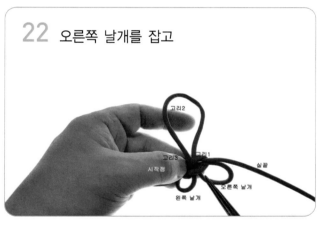

23 오른쪽 날개를 당겨서 고리2 크기를 조
절한다.

24 고리3을 잡고

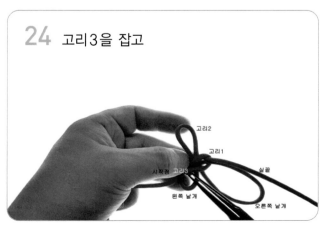

25 고리3을 당겨서 오른쪽 날개 크기를 조절한다.

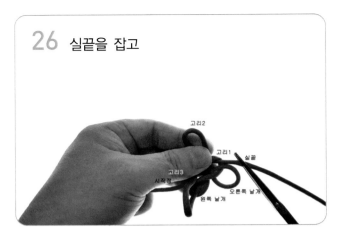

26 실끝을 잡고

27 실끝을 당겨서 고리3을 조인다.

28 당초매듭 완성

29 당초매듭 브로치

연봉 매듭

연꽃의 봉오리 모양의 둥근 매듭

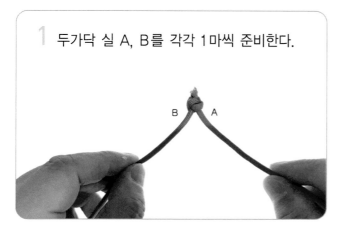

1 두가닥 실 A, B를 각각 1마씩 준비한다.

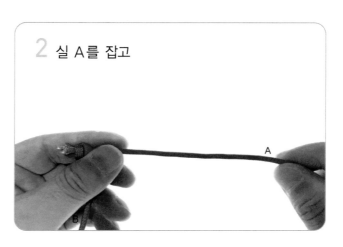

2 실 A를 잡고

3 실 끝이 아래로 향하도록 감아 원a를 만든다.

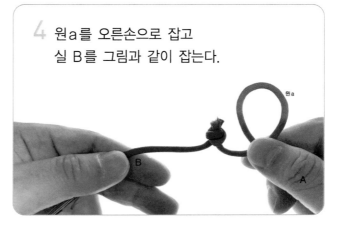

4 원a를 오른손으로 잡고
실 B를 그림과 같이 잡는다.

5 왼쪽 손가락에 실 B를 감아준다.

6 원a를 왼손 위에 올려 놓는다.

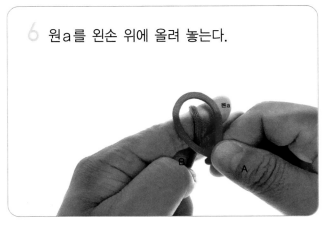

7 원a를 왼손 엄지로 눌러 잡는다.

8 오른손을 실 A 밑으로 넣어서 실 B를 잡는다.

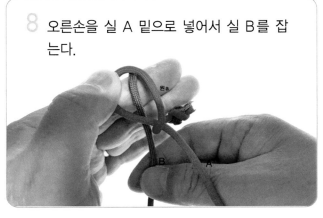

9 실 B를 오른쪽으로 당겨 낸다.

10 실 B를 1번 위로 2번 아래로 3번 위로 빼낸다.

11 실 B를 <u>1번 위로</u> 2번 아래로 3번 위로 빼낸다.

12 실 B를 1번 위로 <u>2번 아래로</u> 3번 위로 빼낸다.

13 실 B를 1번 위로 2번 아래로 __3번 위로__ 빼낸다.

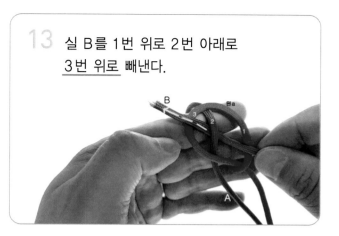

14 실 B를 당겨 낸다. (원b 생성)
다이아몬드 모양 생김

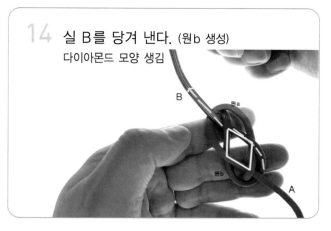

15 실 A를 잡고

16 밑면 고리를 지나서 가운데 다이아몬드 속으로 넣는다.

17 밑면 고리를 지나서 가운데 다이아몬드 속으로 올라온 모습

18 실 B를 잡고

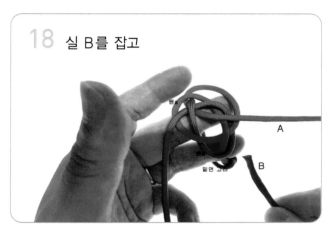

19 밑면 고리를 지나서 가운데 다이아몬드 속으로 넣는다.

20 실 B를 당겨 낸다.

21 실 A, B를 잡고 매듭을 살짝 아래로 당겨서 공 모양으로 만들어 준다.
(조이지는 말 것)

22 공 모양으로 만들어 진 후 양쪽 끝을 잡고 당겨주면서 조여줌
(전체적으로 완벽하게 줄어들진 않음)

23 부분적으로 조여지지 않은 곳은 그냥 두어도 됨

24 오른쪽에서 시작된 지점부터 줄임.
위에서 3번째 있는 지점을 잡고

25 3번째 지점을 당겨 시작점에 붙인다.

26 매듭을 반시계 방향으로 살짝 돌리면서 실을 따라 줄여 준다. (3회 반복)

돌리고   잡고   당겨 조이고

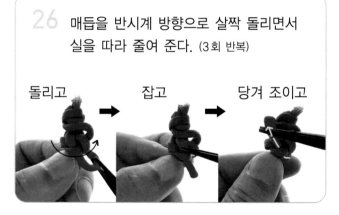

27 오른쪽 실끝을 잡고

28 오른쪽 실 끝을 당겨 조인다.

29 다른 한쪽도 순서 24와 같은 방식으로 줄임

30 연봉 매듭 완성

31 연봉 매듭 완성

32 연봉매듭 108염주

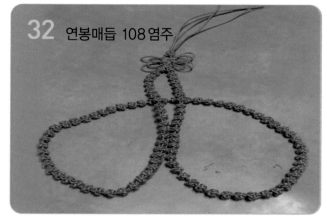

가락지 매듭

작품의 마지막 운치를
살릴 때나 공간을 메울 때
자주 쓰이는 것으로,
화려한 색채를 사용하여
매듭의 중간에 가락지처럼
끼워 장식하는 매듭

1 50cm 길이의 실 1가닥 돗바늘 산적꽂이를
준비한다.

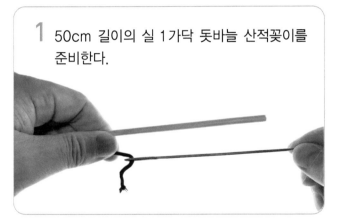

2 실을 산적꽂이 아래에 약간 기울여서 댄다.

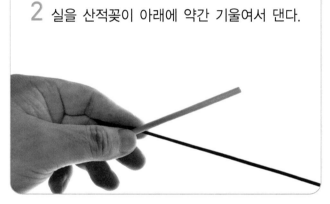

3 실을 한바퀴 감아준다.
산적꽂이에 딱 붙지 않고 공간이 있어야 함.
감아주는 사이즈가 가락지 사이즈가 됨

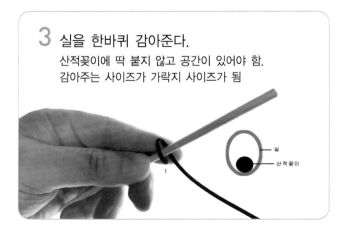

4 실을 한바퀴 더 감아준다.

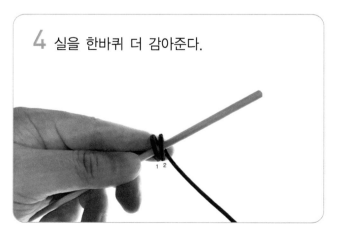

5 돗바늘을 2번 고리 속으로 넣고

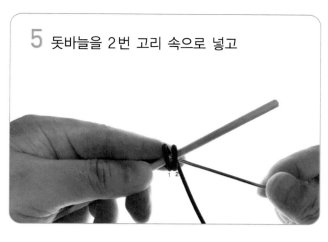

6 돗바늘을 1번 고리 위로 올린다.

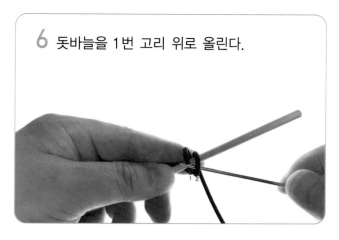

7 돗바늘을 왼쪽으로 넘기면서 1번과 2번을 꼬아준다.
돗바늘 방향이 산적꽂이 위로   향하도록 한다.

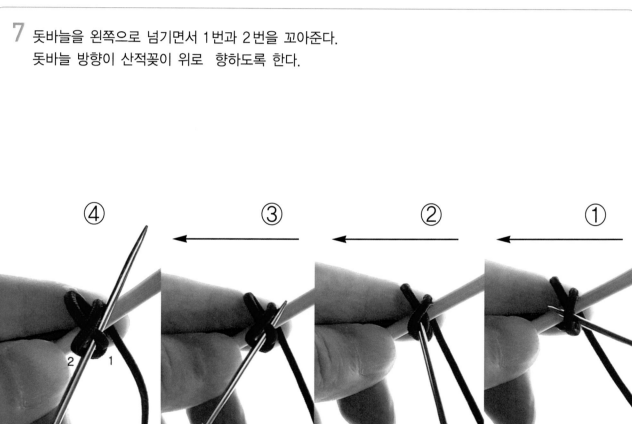

④   ③   ②   ①

8 실을 당겨 빼낸다.

9 X가 보이도록 돌려준다.

10 왼쪽 아래에 있는 실 밑으로 돗바늘을 넣는다. 돗바늘의 방향이 위로 향하도록 한다.

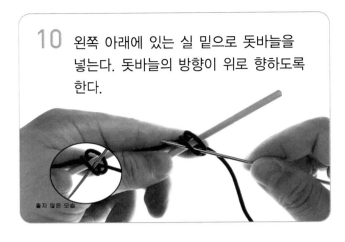

좋지 않은 모습

11 실을 당겨 낸다.

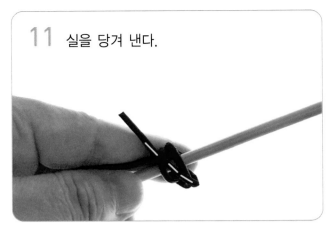

12 11자 모양이 보이도록 돌려준다.

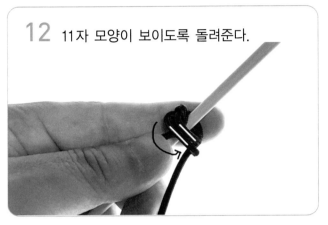

13 돗바늘을 오른쪽 고리 밑으로 넣고 왼쪽 고리 위로 올려 꼬아준다. (순서 7과 동일)

14 돗바늘이 위로 향하도록 한다.

15 실을 당겨 낸다.

16 처음 시작하였던 실을 찾는다.

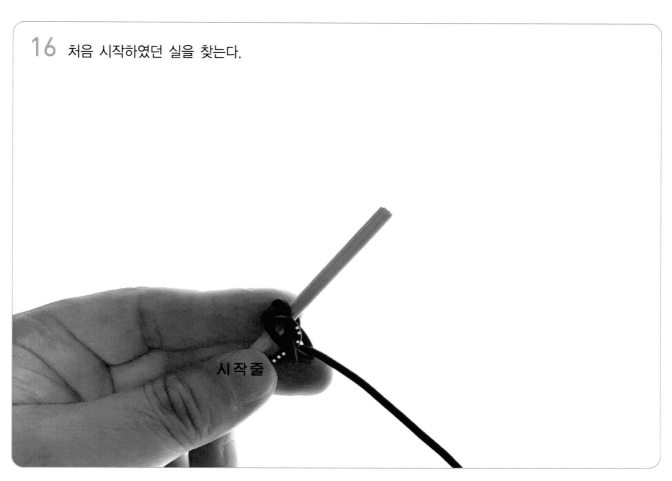

시작줄

17 처음 시작하였던 실의 오른쪽으로
① 돗바늘을 끼워 ② 실을 당겨 빼고
③ 돌려준다.

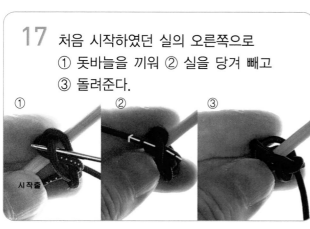

① ② ③
시작줄

18 오른쪽으로 ① 돗바늘을 끼워 ② 실을
당겨 빼고 ③ 돌려준다. – 5회를 더 해준다.

① ② ③

19 처음 맺은 실을 따라 꿰어 오다 2겹이
보일 때 까지 실을 꿴다.

2겹이
보임

20 실을 당겨 빼낸다.

2겹이
보임

21 가락지 매듭 완성

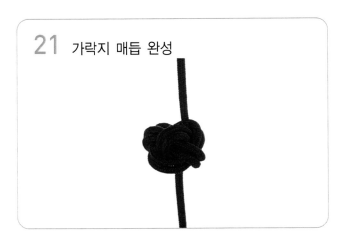

22 가락지로 만든 염주

두 줄 생쪽 매듭

생쪽 매듭은 가장 대표적이고
폭넓게 사용되는 매듭으로
생강쪽처럼 생겼기 때문에
붙여진 이름

1 50cm 두가닥 실 A, B의 시작부분을 묶어
오른손으로 잡는다.

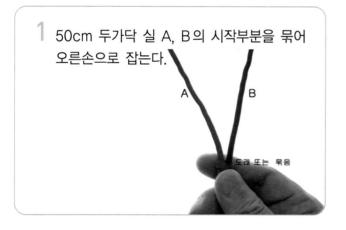

2 왼손으로 실 A를 잡고

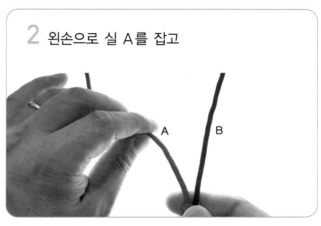

3 왼쪽 실 A를 접어서 고리a1을 만든다.

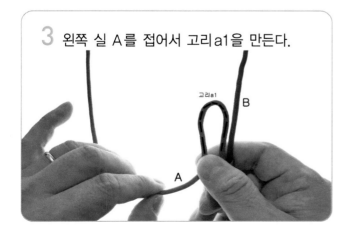

4 실 A로 고리a1을 감아 고리a2를 만들고
왼쪽 날개가 만들어진다.

5 왼손으로 옮겨 고리a2를 잡는다.

6 오른손으로 실B를 잡는다.

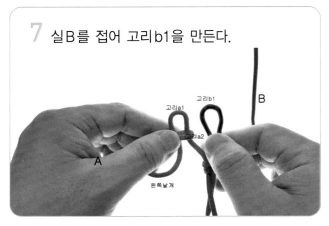

7 실B를 접어 고리b1을 만든다.

8 고리b1을 고리a1 속으로 넣는다.

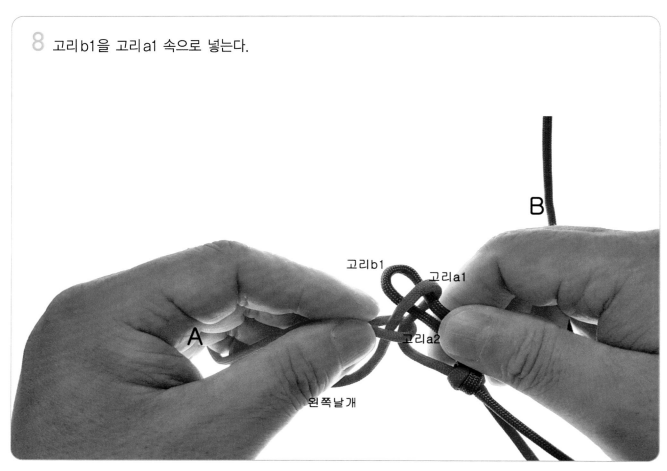

9 고리 b1을 고리 a2 두 지점과 맞댄다.

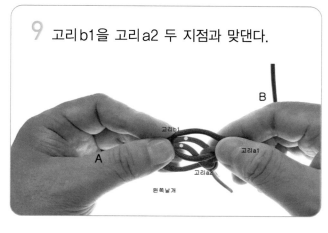

10 고리 a2 두 지점을 고리 b1 사이로 살짝 뺀다.

11 실B 끝을 잡고

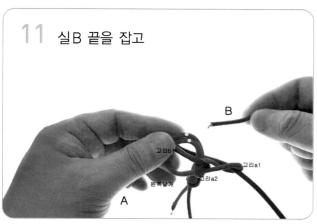

12 고리 b1과 고리 a2 사이로 넣는다.

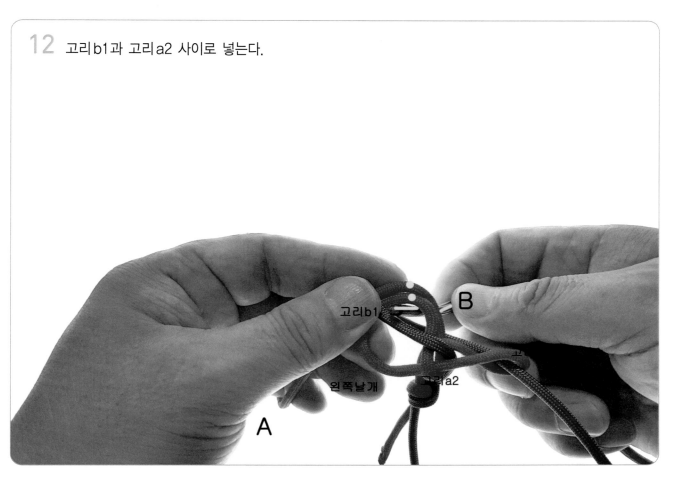

13 실 B를 당겨 오른쪽날개 크기를 조절한다.
고리 b2 생성

(●) : 다음 순서에서 서로 맞잡아야 할 곳 표시

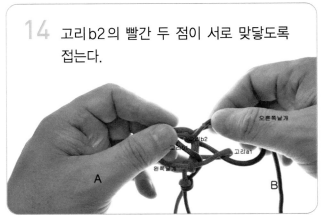

14 고리 b2의 빨간 두 점이 서로 맞닿도록
접는다.

15 고리 b1을 밀어서 바로 세운다.

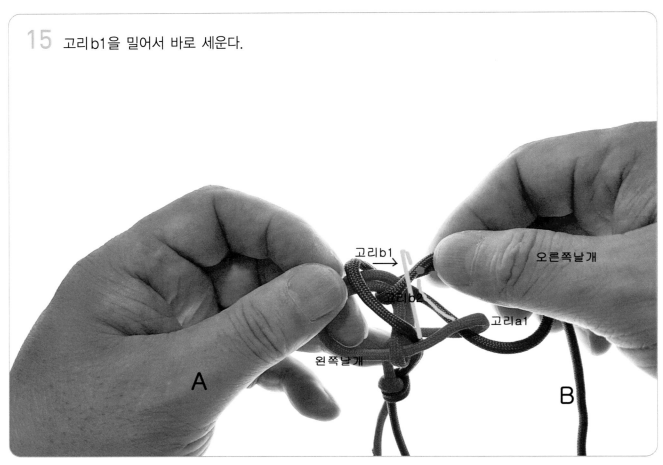

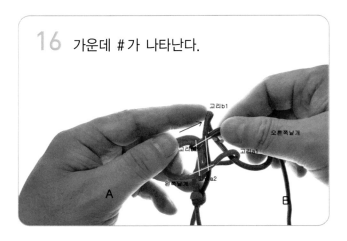

16 가운데 #가 나타난다.

17 양 날개에 손가락을 넣어

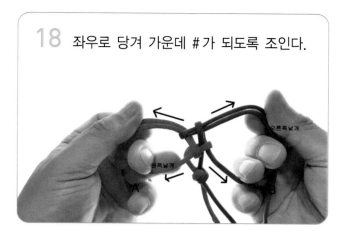

18 좌우로 당겨 가운데 #가 되도록 조인다.

19 생쪽 1차 완성

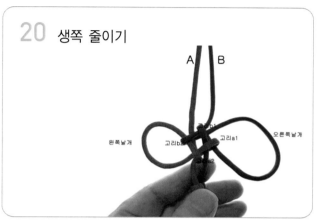

20 생쪽 줄이기

21 고리 b1의 b'점을 잡고

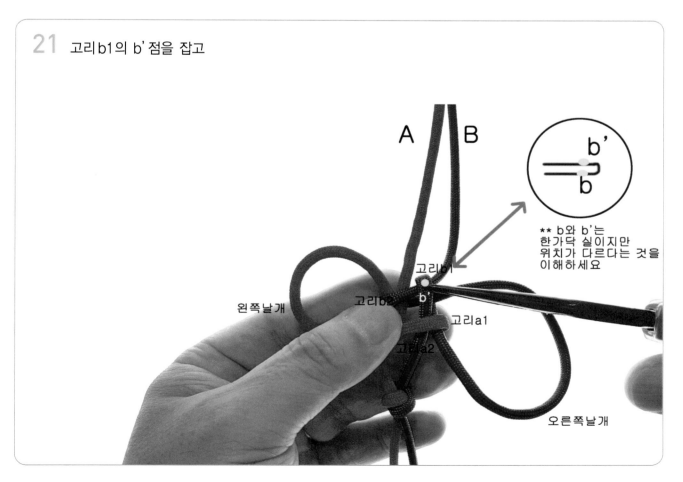

** b와 b'는
한가닥 실이지만
위치가 다르다는 것을
이해하세요

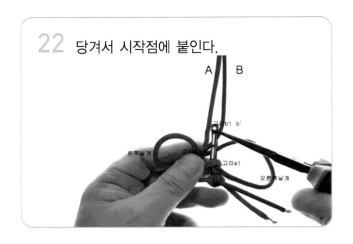

22 당겨서 시작점에 붙인다.

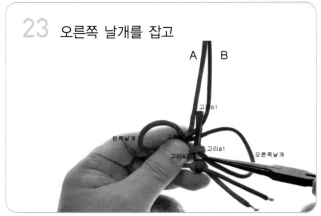

23 오른쪽 날개를 잡고

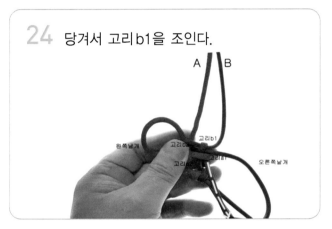

24 당겨서 고리b1을 조인다.

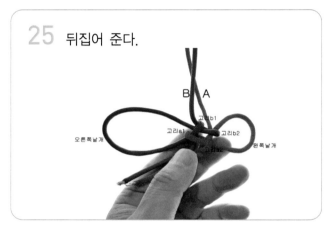

25 뒤집어 준다.

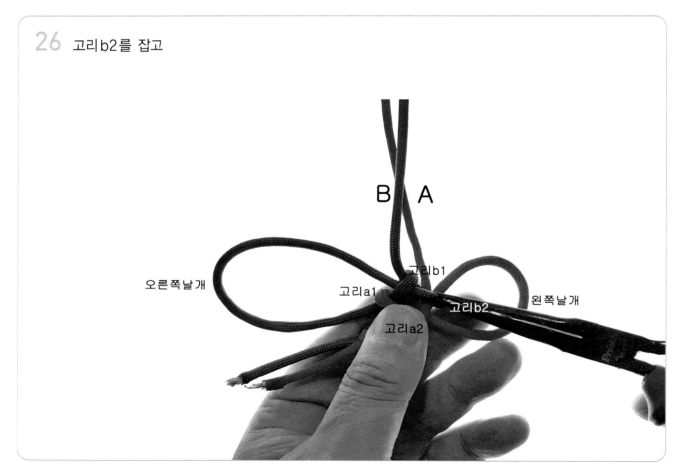

26 고리b2를 잡고

27 당겨서 오른쪽 날개를 줄여 조인다.
날개 크기는 마음대로 조정 가능

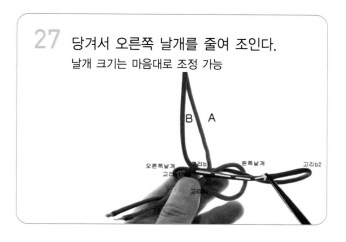

28 실B 끝을 잡고

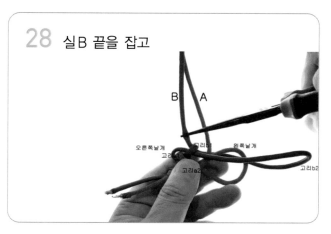

29 실B 끝을 잡고 당겨서 고리b2를 조인다.

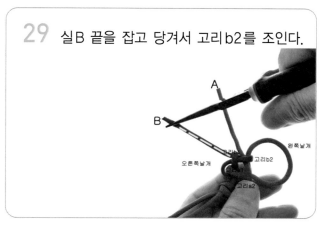

30 시작점이 오른쪽에 오도록 반시계 방향
으로 돌려서 잡고

31 고리a1을 잡고

32 고리a1을 잡고 당겨서 시작점에 붙인다.

33 왼쪽날개를 잡고

34 왼쪽날개를 잡고 당겨서 고리a1을 조인다.

35 뒤집는다.

36 고리a2를 잡고

37 고리a2를 잡고 당겨서 왼쪽날개를 줄인다.

38 실A 끝을 잡고

39 실A 끝을 잡고 당겨서 고리a2를 조여서 생쪽을 완성한다.

한 줄 생쪽 매듭

생쪽 매듭은 가장 대표적이고
폭넓게 사용되는 매듭으로
생강쪽처럼 생겼기 때문에
붙여진 이름

1 50cm 실 1개를 준비한다. 시작점에서 15cm 정도 남겨둔 곳을 잡고

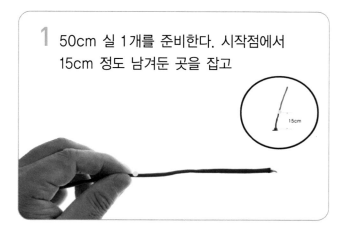

2 실을 접어 고리1을 만든다.

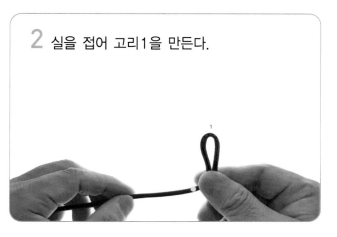

3 왼쪽 실을 접어 고리1을 감아준다.
(왼쪽 날개 및 고리2 생성)

4 오른쪽 실을 잡고

5 오른쪽 실을 접어 고리3을 만든다.

6 고리3을 고리1 속으로 넣는다.
(가운데 날개 생성)

7 고리3을 고리2 위에 맞대어 놓는다.

8 고리2의 두 점 부분을 고리3으로 살짝 빼
낸다.

9 실 끝을 잡고

10 고리2와 고리3 사이로 넣는다.

11 실을 당겨 오른쪽 날개 길이를 조절한다.
(오른쪽 날개 생성)

12 4번 고리를 접어 노란 두 점을 맞 잡는다.
(두줄생쪽 순서14와 동일)

13 고리3을 밀어서 세운다. (두줄생쪽 순서15와 동일)

고리3을 밀지 않고 조이는 실수가 많아
모양이 제대로 나오지 않는 경우가 많음

14 가운데 #가 나타난다.
(두줄생쪽 순서16과 동일)

15 조여서 한줄생쪽 1차 완성
(두줄생쪽 순서17~19 참조)

16 고리2의 아래쪽 b를 잡고
(두줄생쪽 순서21은 b'를 당김)

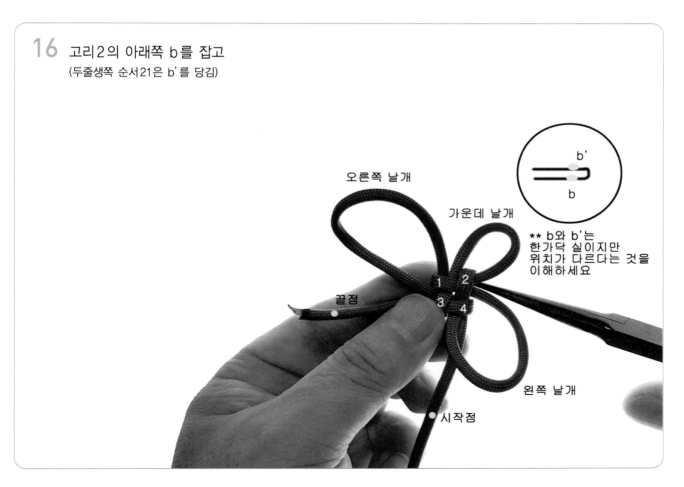

** b와 b'는
한가닥 실이지만
위치가 다르다는 것을
이해하세요

17 당겨서 시작점에 붙인다.
(두줄생쪽 순서22는 위쪽b'를 당김)
한줄생쪽과 두줄생쪽의 차이

18 왼쪽 날개를 잡고
(두줄생쪽 순서23은 오른쪽 날개임)

19 당겨서 고리2를 조인다.

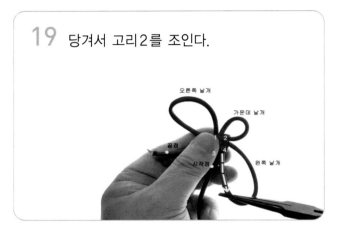

20 왼쪽 날개가 아래를 향하도록 시계방향
으로 90도 돌린다.

21 고리1 위쪽b'를 잡고

22 고리1을 당겨서 왼쪽 날개 길이를 조절한다.

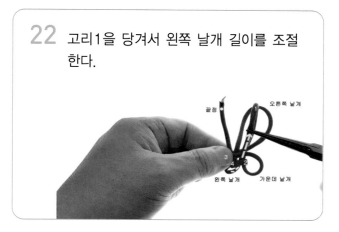

23 가운데 날개를 잡고

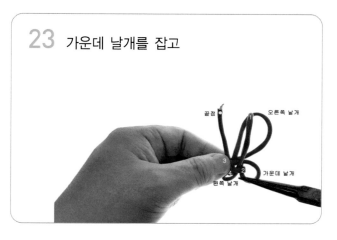

24 가운데 날개를 당겨서 고리1을 조인다.

25 가운데 날개가 아래로 향하도록 시계방향으로 90도 돌린다.

26 고리3을 잡는다.

27 고리3을 당겨 가운데 날개를 줄인다.

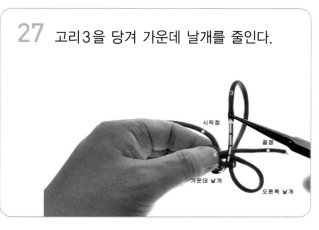

28 오른쪽 날개를 잡는다.

29 오른쪽 날개를 당겨 고리3을 조인다.

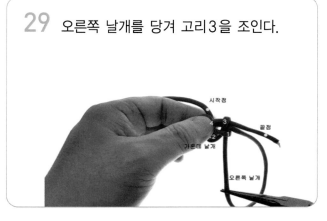

30 오른쪽 날개가 위로 향하도록 뒤집는다.

31 고리4를 잡는다.

32 고리4를 당겨 오른쪽 날개 길이를 조절한다.

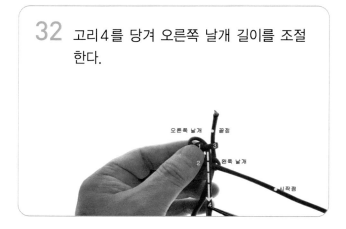

33 실 끝을 잡는다.

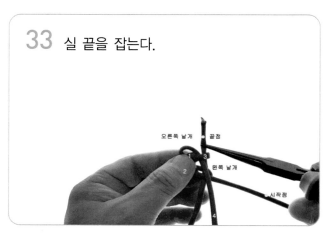

34 실 끝을 당겨 고리4를 조인다.

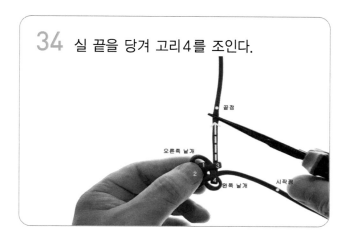

35 한 줄 생쪽 완성

36 한 줄 생쪽으로 만든 브로치

안경 매듭

옛날 안경집 끈에 흔히 쓰였기 때문에
안경매듭이라 한다.
최근에는 여러 매듭 사이사이에
맺어 매듭 감각을 바꿀 때의
공간 처리로 쓰이거나
발걸이 또는 유소걸이개를 할 때
윗부분 매듭 처리에 흔히 쓰이고 있다.

1 두가닥 실 A, B를 각각 1마씩 준비한다.

2 오른쪽에 있는 실을 위로 올려 교차시킨다.

3 두 실을 1회 묶어 준다. (묶음1)

4 오른쪽에 있는 실을 위로 올려 교차시켜

5 두 실을 1회 묶어준다. (묶음2)

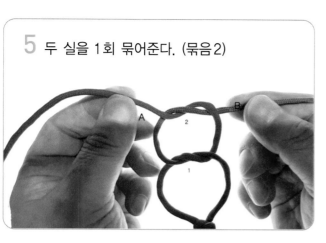

6 오른쪽에 있는 실을 위로 올려 교차시켜

7 두 실을 1회 묶어준다. (묶음3)

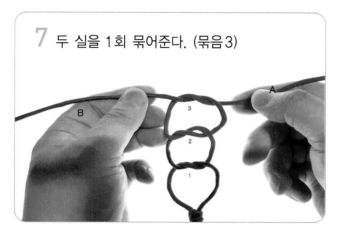

8 오른쪽에 있는 실을 위로 올려 교차시켜

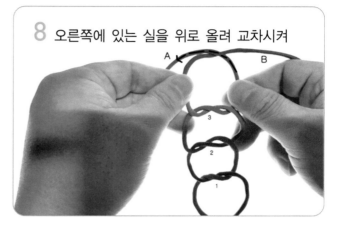

9 두 실을 1회 묶어준다. (묶음4)

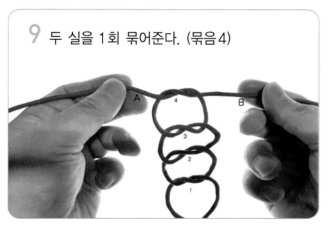

10 실 끝이 오른쪽으로 향하도록 옆으로 돌려 도구를 묶음4에 통과

11 도구를 묶음3에 통과

12 도구를 묶음2에 통과

13 도구를 묶음1에 통과

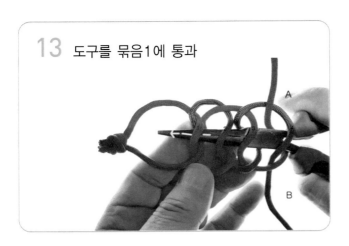

14 실B는 아래쪽에서 올려 도구로 잡고

15 실A는 위에서 내려 도구로 잡는다.

16 두가닥 실을 잡은채 도구를 빼낸다.

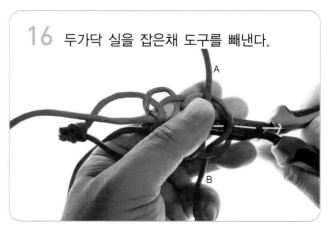

17 실 A,B가 통과된 상태

묶음 번호를 a,b로 나누어 표기함

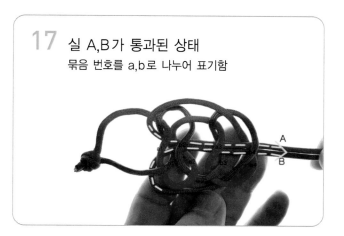

18 오른쪽 끝에 있는 b4를 잡고

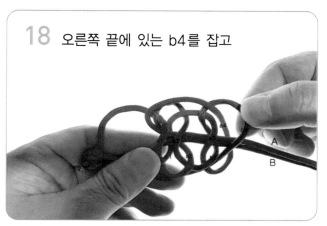

19 b4를 잡고 a1 옆으로 넘긴다.

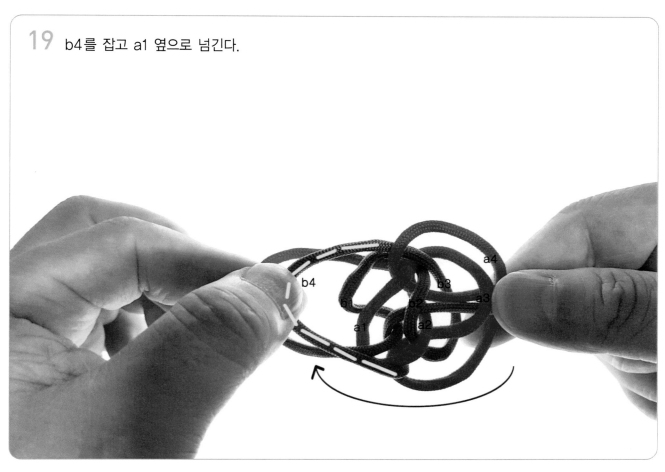

20 오른쪽 아래에 있는 a4를 잡고

21 b1 옆으로 옮긴다.

22 실 A, B를 당겨서 a4, b4를 줄여준다.
(모양을 잡기 위함)

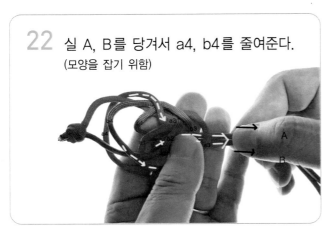

23 오른쪽 끝에 있는 a3을 잡고

24 b4 옆으로 넘긴다.

25 오른쪽 끝에 있는 b3을 잡고

26 a4 옆으로 옮긴다.

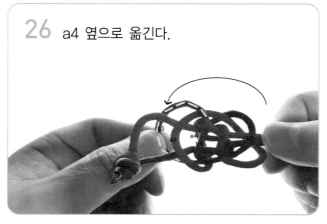

27 a2와 a3 연결되는 지점과 b2와 b3 연결
되는 지점을 잡는다.

28 양 옆으로 당겨서 조여주며, A,B와 시작점
도 당겨서 조여준다.
(줄이기를 위하여
번호를 달리함)

29 줄이기는 매듭을 왼손으로 잡고 왼쪽에 있는 1번 위치를 잡는다.
(현재 실B가 왼쪽)

반대편도 여기서부터 같으므로
생략합니다.
위치(실 아님)를 표시하기 위하여
1,2,3,4,5,a로 표기합니다.

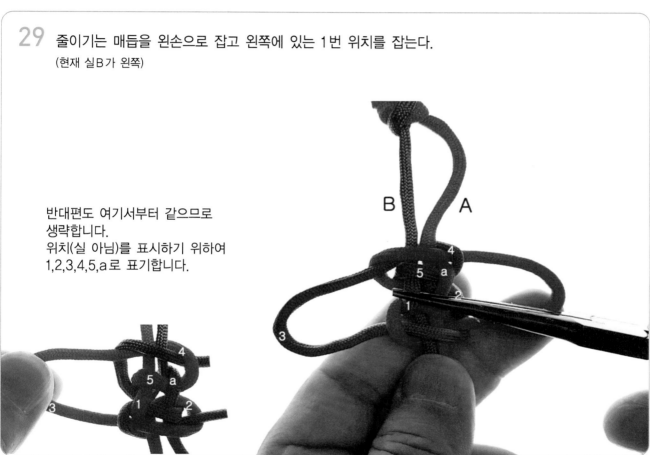

30 1번을 당겨 시작점에 붙인다.

31 오른쪽 아랫부분 2번을 잡는다.

32 오른쪽 아랫부분 2번을 당긴다.

33 3번을 잡고

34 3번을 잡고 당겨서 조인다.

35 4번을 잡고

36 4번을 잡고 당겨서 3번을 조인다.

37 5번을 잡고

38 5번을 잡고 당겨서 4번을 조인 다음,
뒤집어 준다.

39 뒤집은 상태
번호는 바뀌지 않고 그대로 둔다.
a는 뒷면 5가 올라오는 것이다.

40 a를 잡고 (뒷면 5번과 연결되었다.)
a는 뒷면 5가 올라오는 것이다.

41 a를 당겨서 뒷면 5번을 조인다.

42 오른쪽 실끝을 잡고
(A, B가 아닌 오른쪽 선)

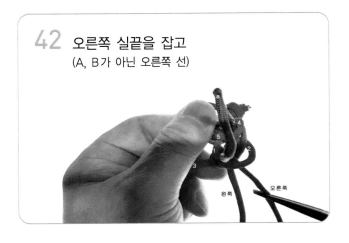

43 오른쪽 실끝을 당겨내여 a를 조여 한 쪽을 마무리 한다.

44 순서 29~43까지 반복하여 나머지 한쪽도 마무리 한다.

45 안경매듭 완성

46 안경매듭 팔찌

장고 매듭

매듭과 매듭 사이에
쓰이는 매듭으로
주머니 끈이나 술을 달 때
많이 사용되는 매듭

※ 한 줄 생쪽과 두 줄 생쪽을 충분히 연습한 후에 하시기 바랍니다.

1 두 가닥 실 A, B를 각각 1.5마씩 준비한다.

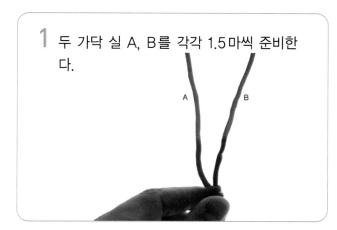

2 실B의 시작점에서 15cm 정도 남겨둔 곳을 잡고 한 줄 생쪽을 맺어준다.

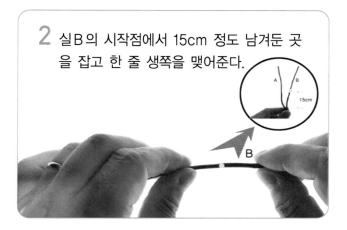

3 임의의 지점을 접어 고리1을 만든다.

4 고리1은 오른손으로 옮기고 왼쪽손으로 왼쪽 실을 잡는다.

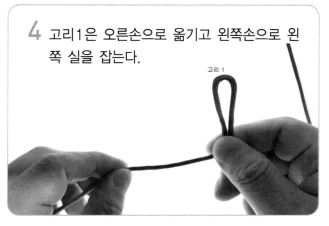

5 고리1을 감아 고리2를 만든다.
(1번 날개 생성)

6 왼손으로 고리2를 잡고 오른손으로 오른쪽
실끝을 잡는다.

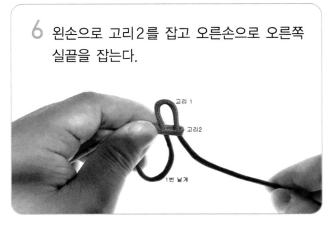

7 접어 고리3을 만들어 준다.

8 고리3을 고리1 속으로 넣는다.

9 고리3을 고리2 위에 맞대어 놓는다.

10 고리2를 고리3 사이로 살짝 빼낸다.

11 오른쪽 실끝을 잡고

12 고리2와 고리3 사이로 넣어

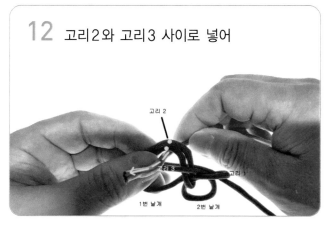

13 고리2와 고리3 사이로 빼낸다.
(3번 날개 생성)

14 고리4의 (●)을 맞대어 잡는다.

15 고리3을 밀어준다.

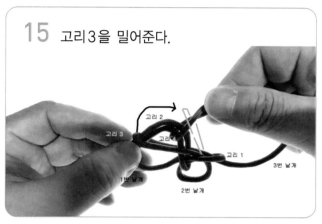

16 #모양이 나오도록 한다.

17 1번날개와 3번날개에 손을 넣어

18 4곳을 당겨 조여준다.

19 왼쪽에 있던 실A를 오른손으로 잡고 시작
점에서 15cm 정도 남겨둔 곳을
잡고 한 줄 생쪽을 맞어준다.
(순서3~8까지 동일)

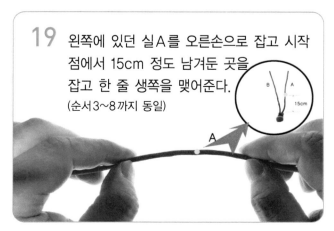

20 양쪽에 생쪽이 각각 맺어졌음

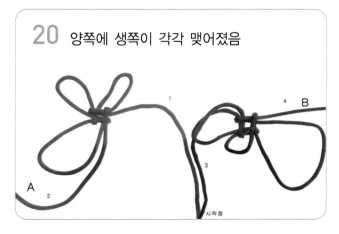

21 오른손으로 잡고

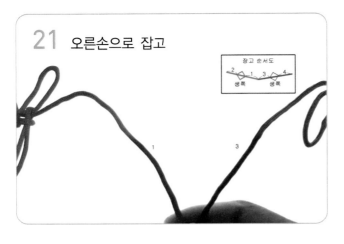

22 1번을 접어 고리1을 만든다.

23 2번을 잡고

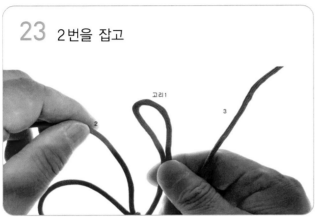

24 고리1을 감아 고리2를 만든다.
(생쪽의 위치에 주의)

25 3번을 접어 고리3을 만든다.

26 고리3을 고리1 속으로 넣는다.

27 고리3을 고리2 위에 올린다. 고리2의
두 지점(●)이 고리3 사이로 보인다.

28 고리2의 두 지점을 살짝 뺀다.

29 4번 실끝을 잡고

30 고리2와 고리3 사이로 넣는다.

31 4번의 검은점 두 곳을 확인

32 4번의 검은점 두 곳을 서로 맞잡는다.

33 고리 3을 밀어주고

34 양쪽 고리에 손을 넣어 당겨 조인다.

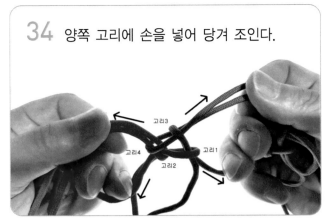

35 장고 1차 완성
번호는 줄여 나가는 코스 순서

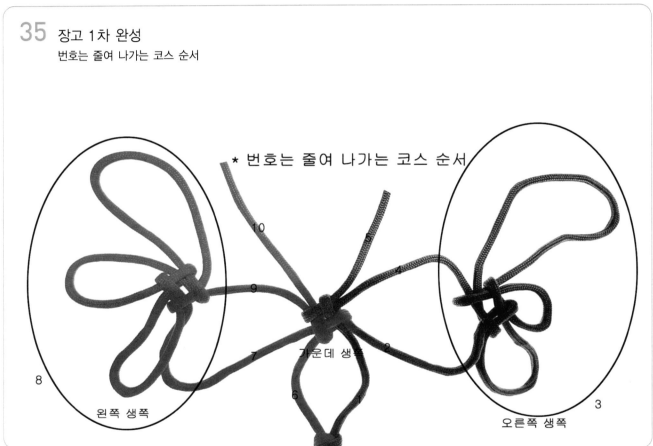

★ 번호는 줄여 나가는 코스 순서

36 1코스 줄이기 가운데 생쪽의 고리3을 잡고

37 1코스 줄이기 고리3을 당겨 시작점에 붙인다.

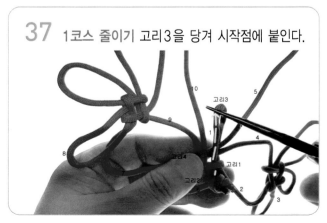

114

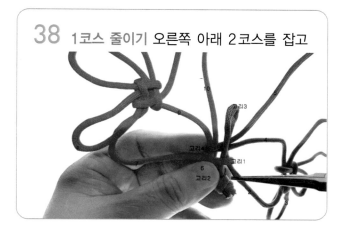

38 1코스 줄이기 오른쪽 아래 2코스를 잡고

39 1코스 줄이기 당겨서 고리3을 조인다.

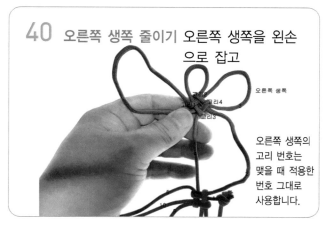

40 오른쪽 생쪽 줄이기 오른쪽 생쪽을 왼손으로 잡고

오른쪽 생쪽

오른쪽 생쪽의 고리 번호는 맺을 때 적용한 번호 그대로 사용합니다.

41 오른쪽 생쪽 줄이기 고리2의 밑부분을 잡고

42 오른쪽 생쪽 줄이기 고리2를 당겨서 가운데 생쪽에 붙인다.

43 오른쪽 생쪽 줄이기 1번 날개를 당겨 고리2를 조인다.

44 오른쪽 생쪽 줄이기 고리1을 잡고

45 오른쪽 생쪽 줄이기 고리1을 당겨서 1번 날개의 크기를 조절한다.

46 오른쪽 생쪽 줄이기 2번 날개를 잡고

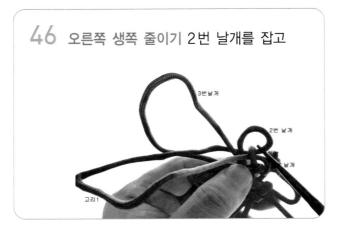

47 오른쪽 생쪽 줄이기 2번 날개를 당겨 고리 1을 조인다.

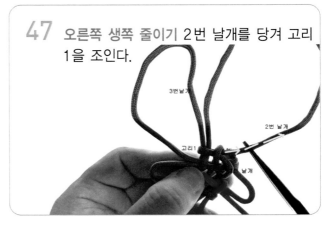

48 오른쪽 생쪽 줄이기 고리3을 잡고

49 오른쪽 생쪽 줄이기 고리3을 당겨서 2번 날개의 크기를 조절한다.

50 오른쪽 생쪽 줄이기 3번 날개를 잡고

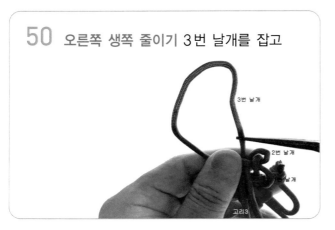

51 오른쪽 생쪽 줄이기 3번 날개를 당겨 고리 3을 조인다.

52 오른쪽 생쪽 줄이기 고리4 아래쪽을 잡고

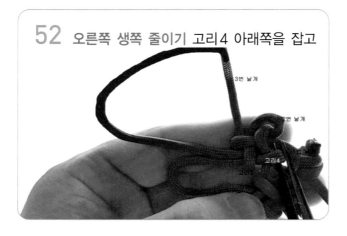

53 오른쪽 생쪽 줄이기 고리4의 아래쪽을 당겨서 3번 날개 크기를 조절한다.

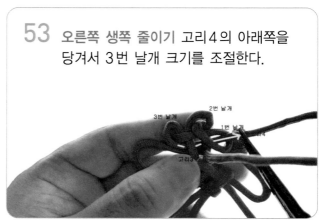

54 오른쪽 생쪽 줄이기 고리4의 끝을 잡고
(또는 4코스를 잡고)

55 오른쪽 생쪽 줄이기 고리4의 끝을 잡고
당겨 조여준다.
(또는 4코스를 당겨 고리4를 조여준다.)

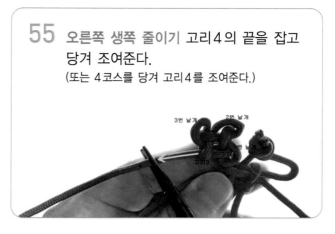

56 오른쪽 생쪽 줄이기 뒤집는다.

57 오른쪽 생쪽 줄이기 가운데 생쪽의 고리
2를 잡고

58 오른쪽 생쪽 줄이기 고리2를 당겨 코스
4를 줄여 오른쪽 생쪽을 가운데 생쪽에
붙인다.

59 오른쪽 생쪽 줄이기 실B의 끝을 잡고
(또는 코스5를 잡고)

60 오른쪽 생쪽 줄이기 실B끝 (또는 코스5)을
당겨서 고리2를 조여준다.

61 오른쪽 생쪽 줄이기 코스6과 코스7을
줄여 가운데 생쪽에 붙이며, 이후 과정은
오른쪽 생쪽 줄이기와 동일합니다.

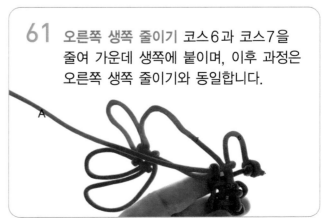

62 장고 완성

63 장고 매듭

왕비 매듭

※ 장고 매듭을 충분히 연습한 후에 하시기 바랍니다.

1 1m 실 한가닥을 준비한다.

2 한 줄 생쪽을 맺는다.

3 2번째 한 줄 생쪽을 맺는다.

10cm 정도

1　　　　　　　2

4 3번째 한 줄 생쪽을 맺는다.

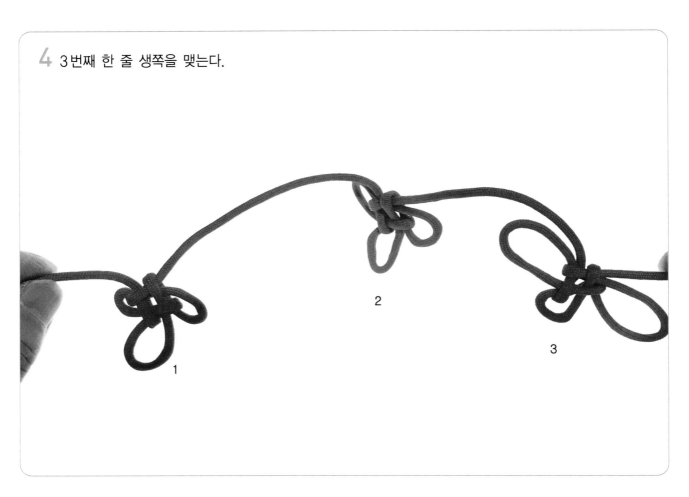

5 2번 생쪽을 오른손으로 잡는다.

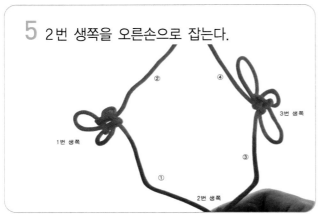

6 ①을 접어 고리1을 만든다.

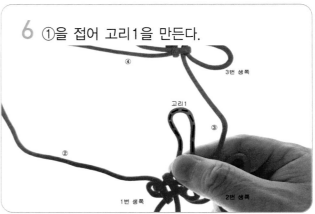

7 ②를 잡는다.

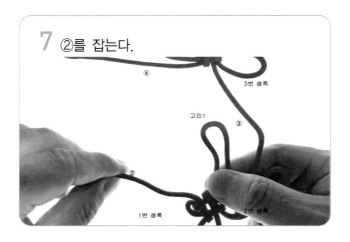

8 ②를 접어 고리1을 감아 고리2를 만든다.

9 왼손으로 고리2를 잡고 오른손으로 ③을 잡는다.

10 ③을 접어 고리3을 만든다.

11 고리3을 고리1 속으로 넣는다.

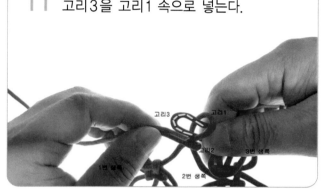

12 고리3 속으로 고리2의 두 가닥을 살짝 꺼낸다.

13 ④를 잡고

14 고리2와 고리3 사이의 공간으로 ④를 통과 시킨다.

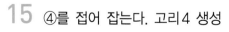

15 ④를 접어 잡는다. 고리4 생성

16

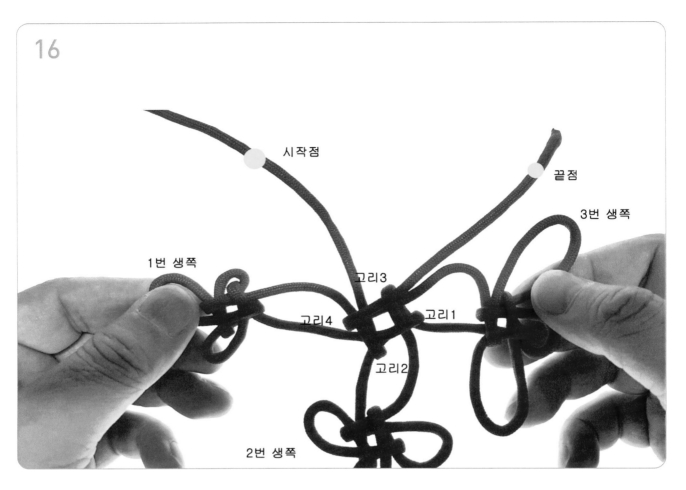

시작점

끝점

3번 생쪽

1번 생쪽

고리3

고리4   고리1

고리2

2번 생쪽

---

17 1번 생쪽을 줄이고 2번 생쪽을 줄이고
3번 생쪽을 줄인다.

2번 생쪽
1번 생쪽
시작점
3번 생쪽

---

18 1번 생쪽을 줄이고 2번 생쪽을 줄이고
3번 생쪽을 줄인다.

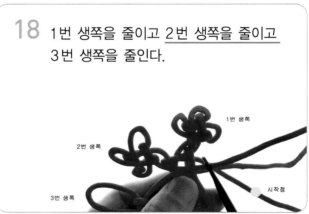

1번 생쪽
2번 생쪽
3번 생쪽
시작점

---

19 1번 생쪽을 줄이고 2번 생쪽을 줄이고
3번 생쪽을 줄인다.

2번 생쪽
1번 생쪽
3번 생쪽

---

20 왕비 완성

두 벌 국화 매듭

국화매듭은 귀주머니, 염낭,
조바위, 족두리, 노리개,
수저집, 부채, 벽걸이 등에
많이 사용되는 것으로
마름모꼴의 매듭

1 **국화 기본 자세** (순서1~순서10)

두 가닥 실 A, B를 1.5마씩 준비하여 오른
손으로 잡는다.

2 왼쪽 실 A를 왼손으로 잡는다.

3 실 A를 오른손에 한 바퀴 감는다.

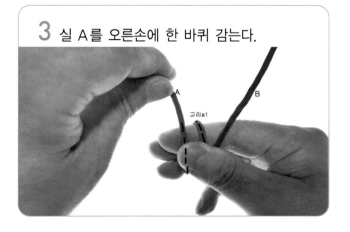

4 실 A를 오른손에 한 바퀴 또 감는다.

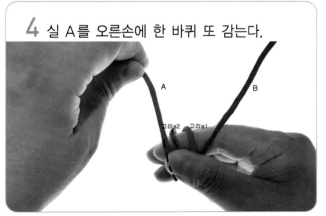

5 왼손 집게 손가락만 펴서

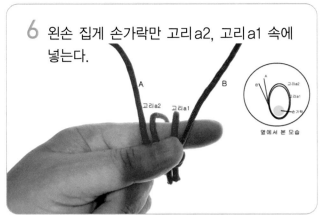

6 왼손 집게 손가락만 고리a2, 고리a1 속에 넣는다.

옆에서 본 모습

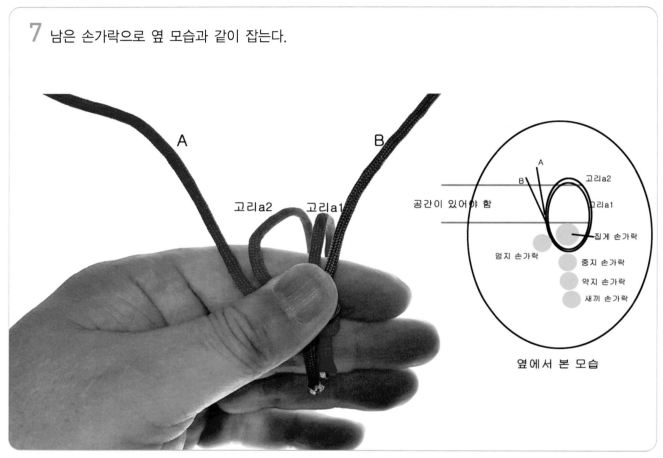

7 남은 손가락으로 옆 모습과 같이 잡는다.

A

B

고리a2   고리a1

공간이 있어야 함

A

B

고리a2

고리a1

집게 손가락

엄지 손가락

중지 손가락

약지 손가락

새끼 손가락

옆에서 본 모습

8 오른손으로 실B를 잡는다.

9 실B를 집게 손가락과 중지 손가락 사이로 넣는다.

고리a2   고리a1

B

10 여기까지 "국화 기본자세"입니다.

실B를 동그랗게 말아 집게 손가락과 중지 손가락 사이로넣는다.

사진을 위해서 작게 만들었음.

크게 만들어 주세요.

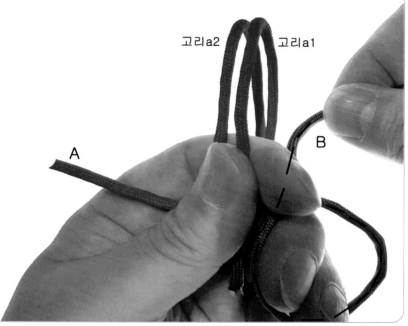

11 시작점에서 바로 연결된 실B(b')를 잡고

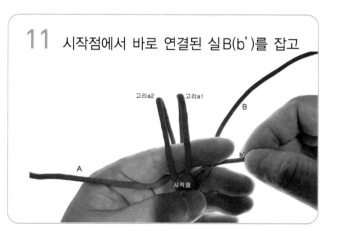

12 고리a2, 고리a1을 감아준다.

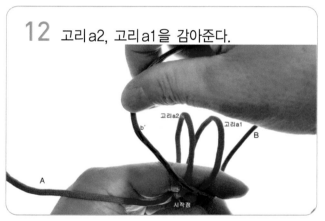

13 고리a2, 고리a1을 감아준 b'를 왼손 검지와 중지 사이에 끼워 잡는다.

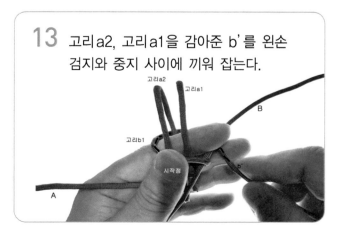

14 줄B의 b줄을 잡고

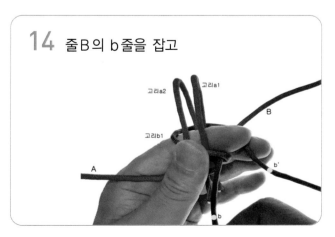

15 실B의 b를 잡고 검지와 중지 사이로 넣어 b'와 교차시킨다.

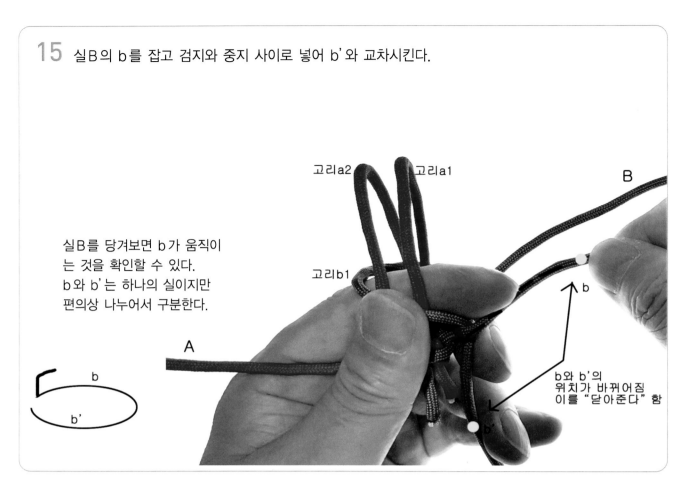

실B를 당겨보면 b가 움직이
는 것을 확인할 수 있다.
b와 b'는 하나의 실이지만
편의상 나누어서 구분한다.

b와 b'의
위치가 바뀌어짐
이를 "닫아준다" 함

16 실A의 끝을 잡고

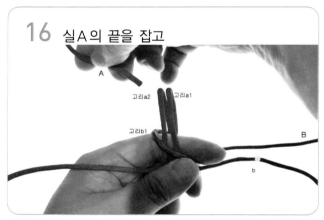

17 고리a2, 고리a1을 통과시킨다.

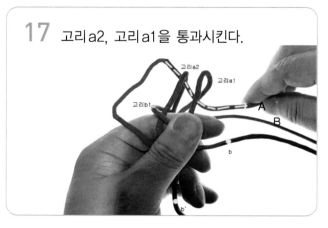

18 실A를 실B의 고리 안으로 빼낸다.

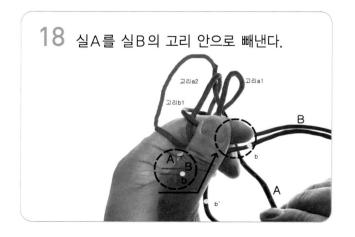

19 실A 끝을 오른손으로 잡고 빠져 나온 곳
도 잡아준다.

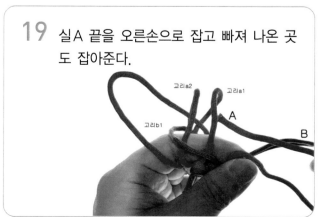

20 실A를 고리a1, 고리a2으로 통과시킨다.
고리a3 만들어짐

날개a2 만들어짐

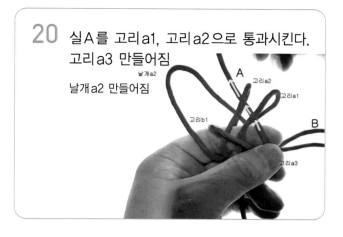

21 실A를 끝까지 당겨 낸다.

22 실B의 b를 잡고

실B를 당겨보면 b가
움직이는 것을 확인할
수 있다.

23 실B의 b를 잡고 열어준다.

실B를 당겨보면 b가
움직이는 것을 확인할
수 있다.

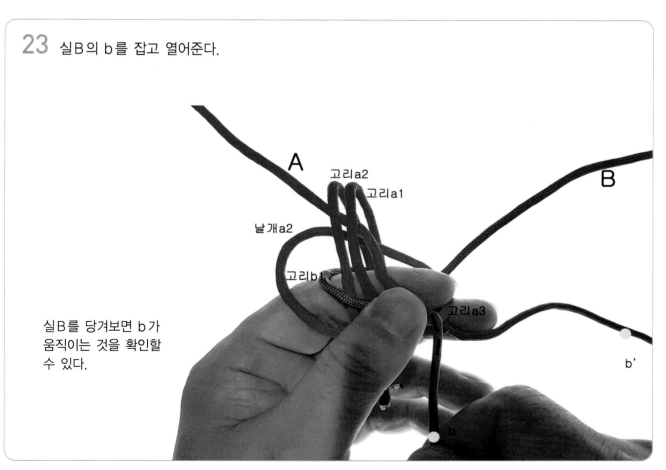

24 실B의 b'를 잡고

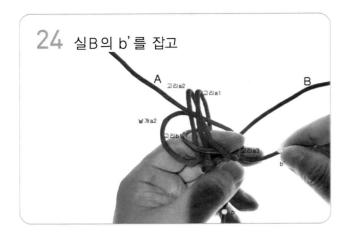

25 고리a2, 고리a1을 감아준다.

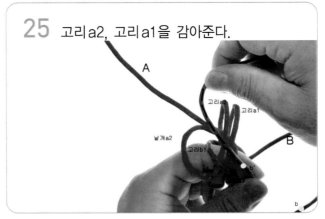

26 고리a2, 고리a1을 감아준 b'를 왼손 검지와 중지 사이로 끼워 잡는다. (고리b2 생성)

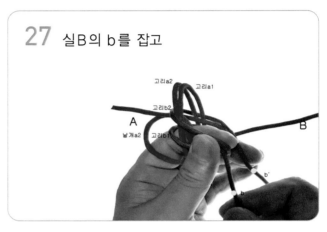

27 실B의 b를 잡고

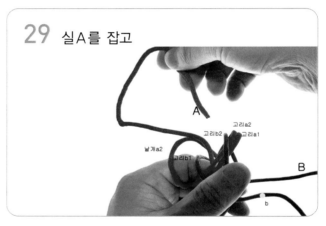

28 실B의 b를 잡고 닫아준다.

29 실A를 잡고

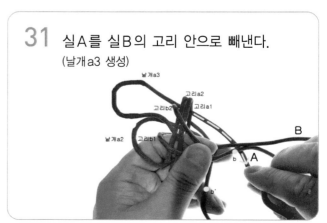

30 고리a2, 고리a1을 통과시킨다.

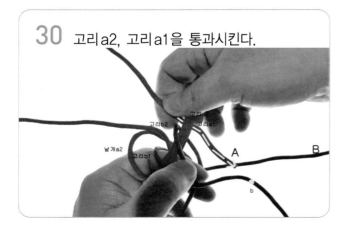

31 실A를 실B의 고리 안으로 빼낸다.
(날개a3 생성)

32 올라온 실 A를 왼손으로 잡아준다.

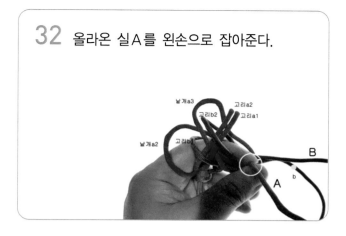

33 고리 a1, 고리 a2 속으로 빠져 나간다.

34 실 A를 끝까지 당긴다. (고리 a4 생성)

35 손가락을 빼고 시작점과 날개 a1을 벌린다.

36 손가락을 시작점과 날개 a1 사이로 넣는다.
손가락을 넣어야 뒷면이 가려져 쉽게 구분된다.

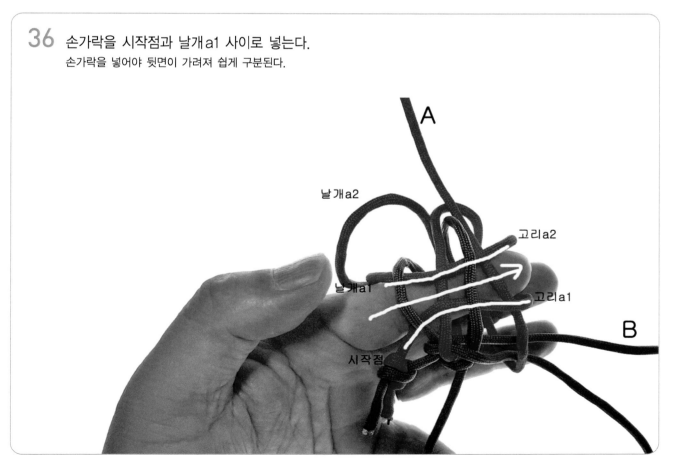

37 국화에 마무리 실(B) 끼우기
실B를 잡고

현재 상태가 앞면

앞면은

1 아래
2 위로
3 아래
4 위로
빼낸다.

38 국화에 마무리 실(B) 끼우기
앞면은

<u>1 아래</u>
2 위로
3 아래
4 위로
빼낸다.

39 국화에 마무리 실(B) 끼우기
앞면은

1 아래
<u>2 위로</u>
3 아래
4 위로
빼낸다.

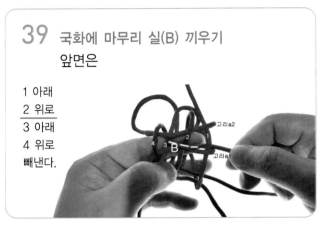

40 국화에 마무리 실(B) 끼우기
앞면은

1 아래
2 위로
<u>3 아래</u>
4 위로
빼낸다.

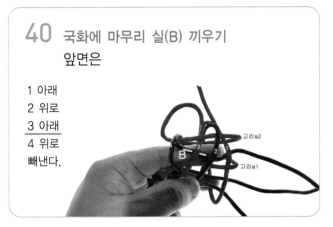

41 국화에 마무리 실(B) 끼우기
앞면은

1 아래
2 위로
3 아래
<u>4 위로</u>
빼낸다.

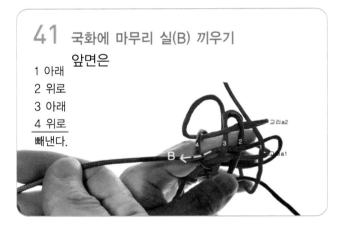

42 국화에 마무리 실(B) 끼우기
고리a1을 잡고 뒤집는다.

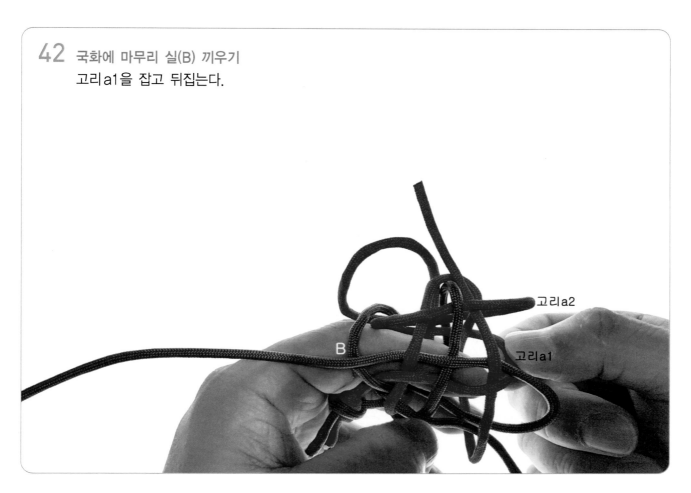

고리a2

B

고리a1

43 국화에 마무리 실(B) 끼우기
고리a1을 잡고 뒤집은 상태
뒷면에 실B를 끼우기 위하여 국화를 뒤집는다.

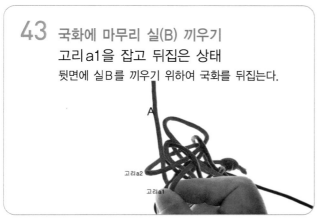

A

고리a2

고리a1

44 국화에 마무리 실(B) 끼우기
손가락을 고리a2와 고리a1 사이에 넣어
위,아래를 구분시킨다.
뒷면은
날개a1 속으로
4 위로
3 아래
2 위로
1 아래
빼낸다.

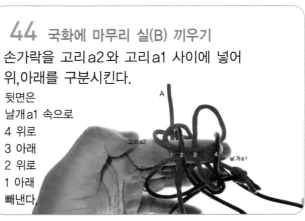

A

고리a2

날개a1

45 국화에 마무리 실(B) 끼우기
날개a1을 밖으로 꺼낸 후
뒷면은
날개a1 속으로
4 위로
3 아래
2 위로
1 아래
빼낸다.

A

고리a2

날개a1

46 국화에 마무리 실(B) 끼우기

뒷면은
날개a1 속으로 (매우 중요)
4 위로
3 아래
2 위로
1 아래
빼낸다.

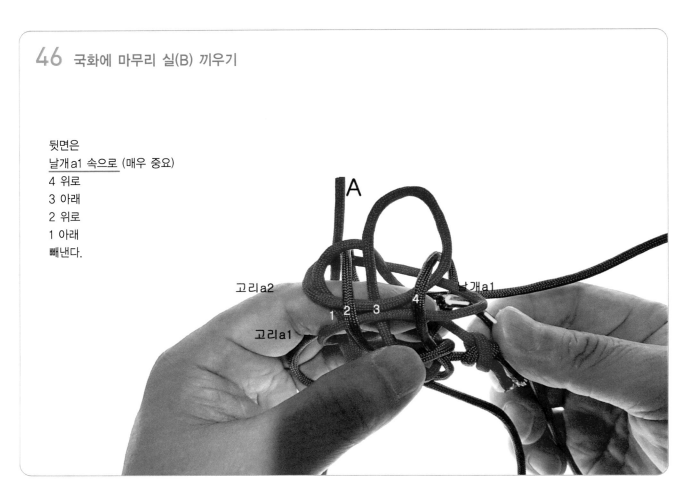

47 국화에 마무리 실(B) 끼우기

뒷면은
날개a1 속으로 (매우 중요)
<u>4 위로</u>
3 아래
2 위로
1 아래
빼낸다.

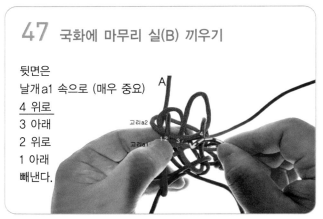

48 국화에 마무리 실(B) 끼우기

뒷면은
날개a1 속으로 (매우 중요)
4 위로
<u>3 아래</u>
<u>2 위로</u>
1 아래
빼낸다.

49 국화에 마무리 실(B) 끼우기

뒷면은
날개a1 속으로 (매우 중요)
4 위로
3 아래
2 위로
<u>1 아래</u>
빼낸다.

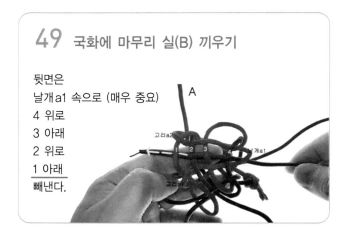

50 국화에 마무리 실(B) 끼우기
실B를 당겨 뺀다.

51 두벌 국화 1차 완성

가운데 국화를 네모 반듯하게 모양
을 잡은 후에 전체 실 줄여 나간다.

각 날개 속에는
반대편 실의
고리가 있다.

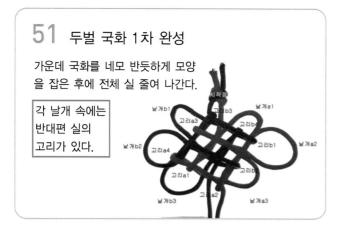

52 앞면 고리 b1을 잡고

53 고리 b1을 당겨서 시작점에 붙인다.

54 앞면 날개 b1을 잡고

55 당겨서 고리 b1을 조인다.

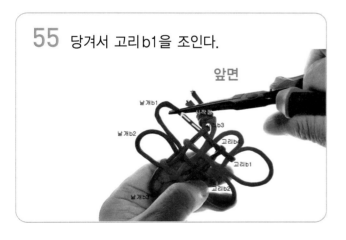

56 고리 b2를 잡고

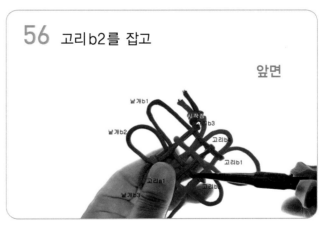

57 고리 b2를 당겨서 날개 b1을 줄인다.

58 날개 b2를 잡고

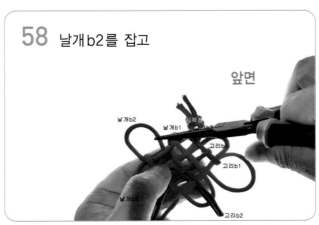

59 날개b2를 당겨서 고리b2를 조인다.

60 고리b3을 잡고

61 고리b3을 당겨서 날개b2를 줄인다.

62 날개b3을 잡고

63 날개b3을 당겨서 고리b3을 조인다.

64 고리b4를 잡고

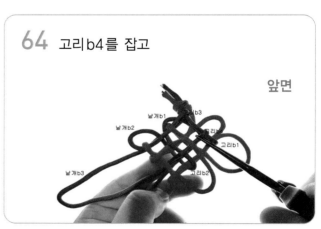

65 고리b4를 당겨서 날개b3을 줄인다.

66 실B의 끝을 잡고

67 실B의 끝을 당겨서 고리b4를 조인다.

앞면

68 고리a1을 잡는다.

앞면

69 고리a1을 당겨 시작점에 붙인다.

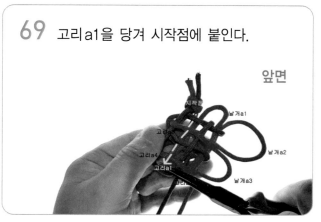

앞면

70 날개a1을 잡는다.

앞면

71 날개a1을 당겨 고리a1을 조인다.

앞면

72 고리a2를 잡는다.

앞면

73 고리a2를 당겨 날개a1을 조절한다.

앞면

74 날개a2를 잡는다.

앞면

75 날개a2를 당겨 고리a2를 조인다.
뒤집어준다.

앞면

76

뒷면

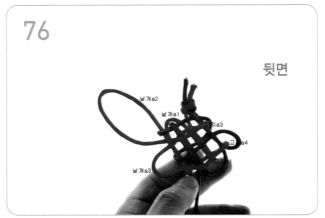

77 고리a3을 잡는다.

뒷면

78 고리a3을 당겨 날개a2를 줄인다.

뒷면

79 날개a3을 잡는다.

뒷면

80 날개a3을 당겨서 고리a3을 조인다.

뒷면

81 고리a4를 잡는다.

뒷면

82 고리a4를 당겨서 날개a3을 줄인다.

뒷면

83 실A 끝을 잡는다.

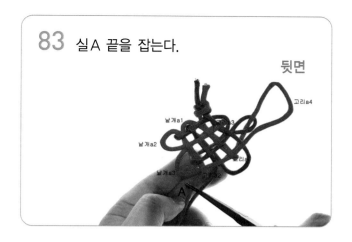

84 실A 끝을 당겨서 고리 a4를 조인다.

85 두벌국화 완성

두 벌 매화 매듭

매화매듭은 맺는 법이 까다롭고
잘 풀리는 단점이 있다.
아기들 옷이나 매화 선추라 하여
부채 종류 또는 귀주머니·향집노리개
등에 흔히 쓰였다.

1 두 가닥 실 A, B를 1마씩 준비하여 오른
손으로 잡는다.

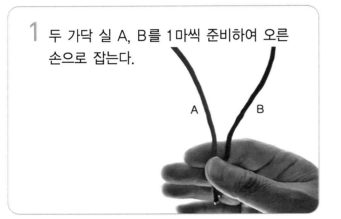

2 실 A를 왼손으로 잡는다.

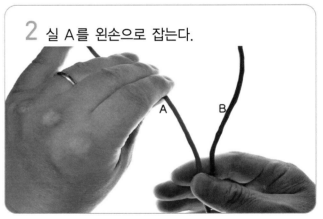

3 실 A를 1회 감아 기둥을 만든다.

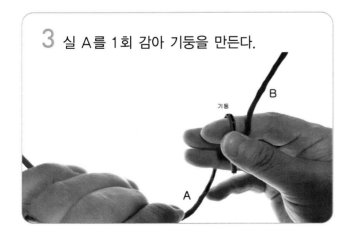

4 실 A 끝이 위로 향하게 한다.

매화매듭은 두벌이나, 세벌
이나 혹은 10벌이나 실A
는 항상 1회만 감는다.

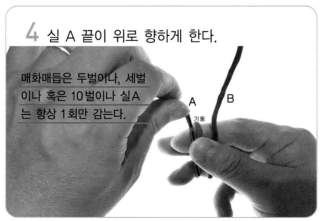

5 왼손 검지손가락을 펴서

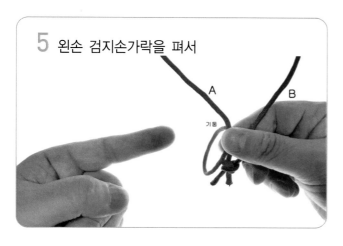

6 기둥 속으로 넣고 잡는다.

7 남은 손가락을 펴서 기둥을 받쳐 잡는다.

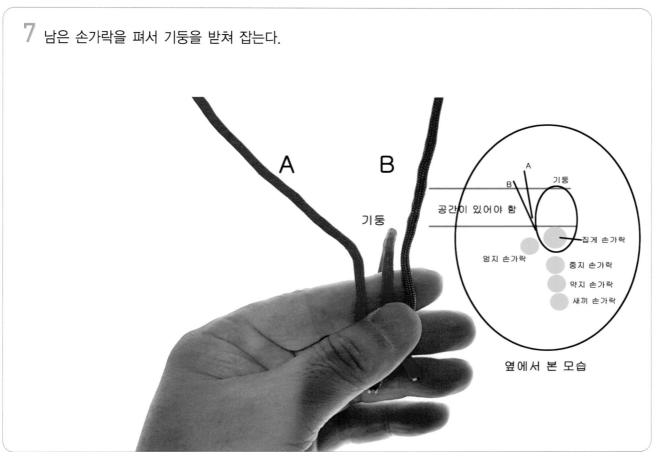

A
B
기둥

공간이 있어야 함
B
A
기둥
집게 손가락
엄지 손가락
중지 손가락
약지 손가락
새끼 손가락

옆에서 본 모습

8 실B를 잡고

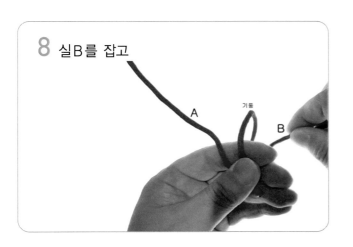

9 여기까지 "매화 기본자세"입니다.
실B를 동그랗게 말아 집게손가락과 중지
손가락 사이로 넣는다.

사진을 위해서 작게
만들었음.
크게 만들어 주세요.

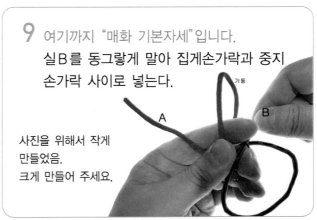

10 시작점에서 바로 연결된 실B(b')를 잡고

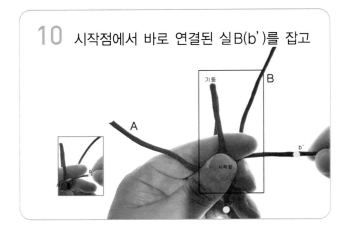

11 기둥을 감아준다.

12 b'를 왼손 검지와 중지 사이에 끼워 잡는다. (고리b1생성)
b'는 계속 잡고 있음

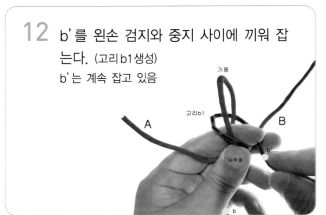

13 b'로 중지를 감아 기둥에 감았던 것과 함께 8자로 만들어 준다.
b'는 계속 잡고 있음

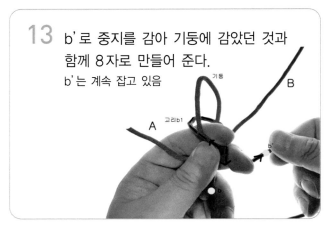

14 b'를 중지와 검지 사이로 지나 고리b1 아래로 대면서 기둥을 감아준다.
b'는 계속 잡고 있음

15 b'를 중지와 검지 사이로 넣는다.
(고리 b2 생성)
b'는 놓아도 됨

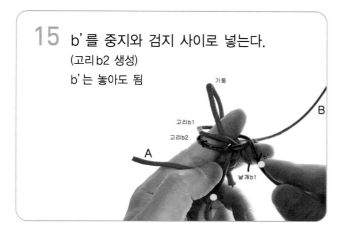

16 b를 잡는다.
팁 : b를 당겨보면 실 B가 움직인다.

17 b를 중지에 걸어서 고리 b2와 함께 8자
가 되게 한다. (날개 b2가 생성)
실 B는 매듭 끝.

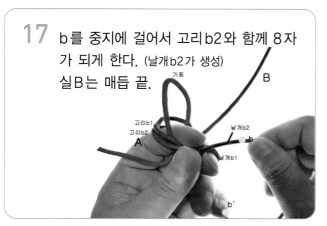

18 실 A를 잡고

19 고리 b2와 고리 b1 사이로 넣어서, 기둥
속으로 빼낸다.

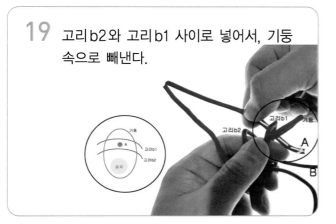

20 실 A를 당겨서 날개 a1을 만든다.

21 실 A를 실 B 아래로 하여

a위치를
기억해두세요
순서 29에서
필요함

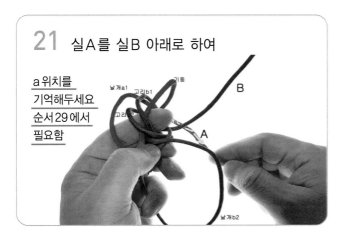

22 날개 b2 속으로 뺀다.

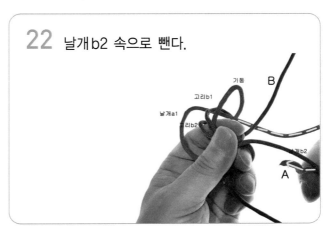

141

23 날개 b2 속으로 올라온 실A를 왼손으로 잡아준다. (중요)

24 실A를 기둥 안으로 넣고 고리 b1과 고리 b2 사이로 실A를 뺀다.

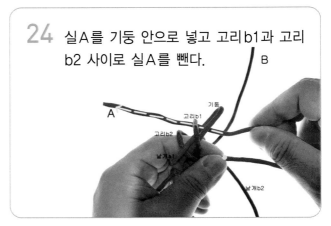

25 순서24를 옆에서 본 모습
실A를 기둥안으로 넣고 고리 b1 과 고리 b2 사이로 뺀다.

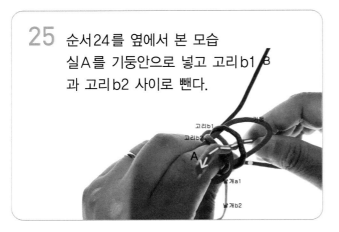

26 실A를 완전히 뺀다.
고리a 생성
(그림엔 숨었음)

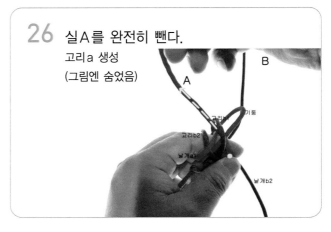

27 실A를 잡고
a' 기억헤두세요
왼손 엄지로 잘 눌러 잡으세요.

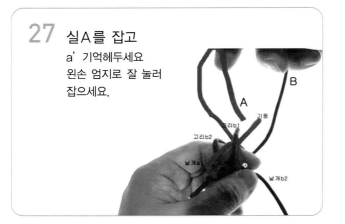

28 고리 b1과 기둥 사이로 넣는다.
(날개a2 생성)

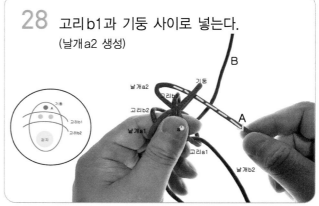

29 들어온 실A를 a 밑으로 넣고

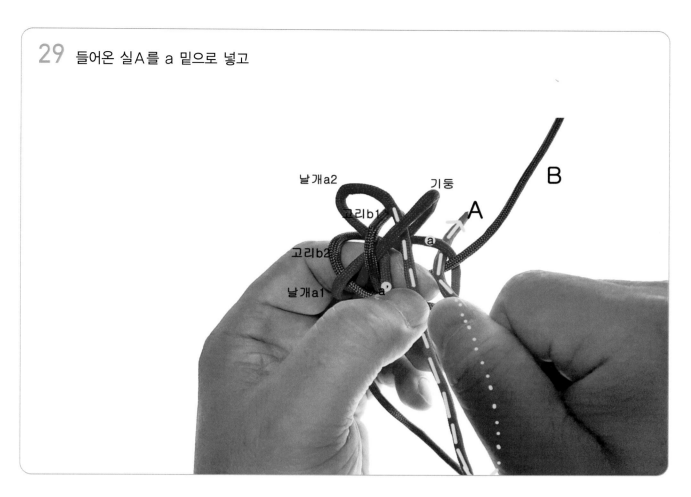

30 당겨서 날개a2를 조절한다.

31 날개b2를 오른쪽으로 제쳐두고 실A를 잡는다.

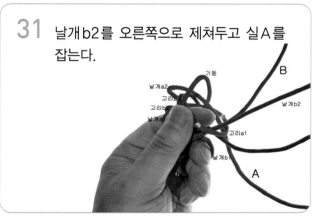

32 날개b1을 끼고 있는 손가락을 빼고 실A를 밑으로 둔다.

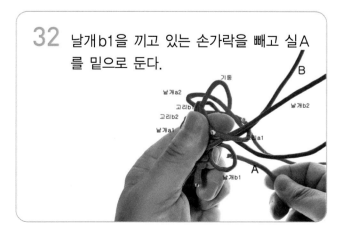

33 날개b1 속으로 실A를 넣고

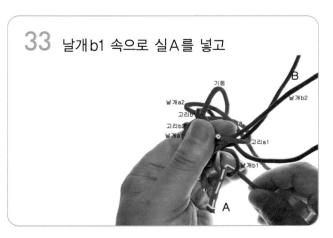

34 a' 밑으로 넣는다.
(간혹 이 과정을 빠트리는 경우가 있음)

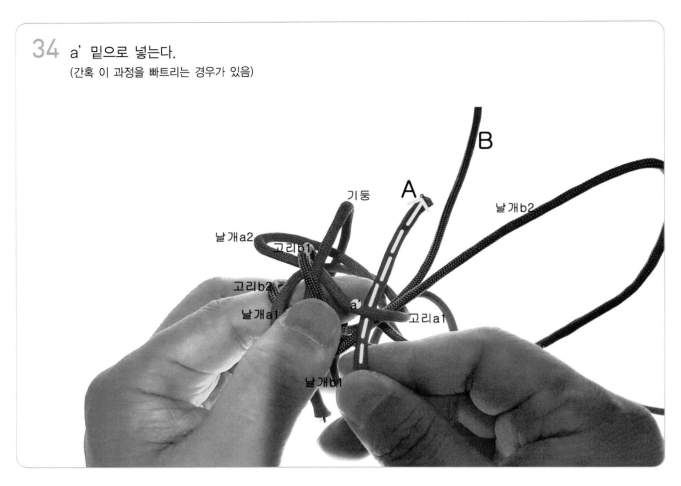

35 실A를 당겨 고리a2를 조인다.

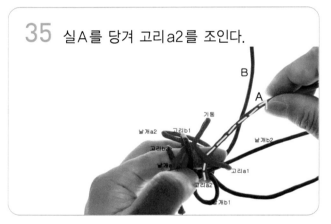

36 실A를 기둥과 고리b1 사이로 뺀다.

37 실A를 당겨서 고리a2를 조인다.

38 양쪽 날개 4곳을 당겨서 조여준다.

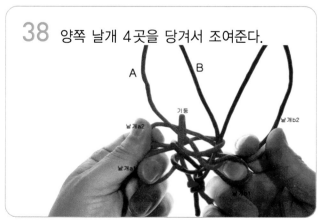

39 두벌매화 1차 완성

40 실A가 오른쪽에 놓이도록 왼손으로 잡는다.

설명을 위하여 시작점을
길게 조정하였음.

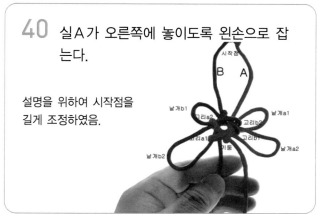

41 기둥을 잡고

42 당겨서 시작점에 붙인다.

43 날개a1을 잡고

44 날개a1을 당겨서 고리a1을 조인다.

45 고리b1을 잡고

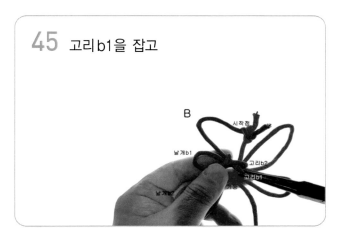

46 당겨서 시작점에 붙인다.

47 날개b1을 잡고

48 날개b1을 당겨서 고리b1을 조인다.

49 고리b2를 잡고

50 고리b2를 당겨서 날개b1을 줄인다.

51 날개b2를 잡고

52 날개b2를 당겨서 고리b2를 조인다.

53 시작점 A,B 사이에 고리를 잡고

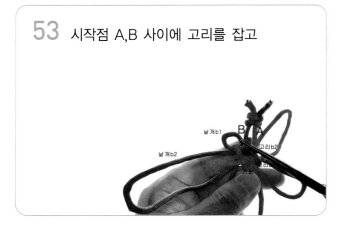

54 당겨서 날개b2를 줄인다.

55 실B의 끝을 잡고

56 실B의 끝을 당겨 조인다.

57 뒤집는다.

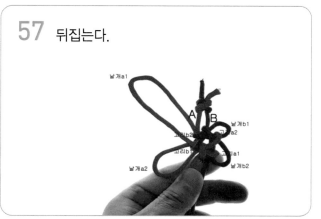

58 고리a1을 잡는다.

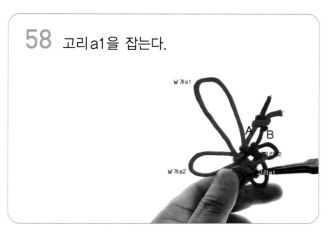

59 고리a1을 당겨서 날개a1을 줄인다.

60 날개a2를 잡고

61 날개a2를 당겨 고리a1을 조인다.

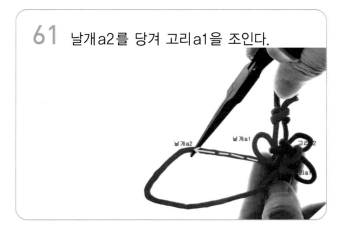

62 고리a2를 잡고

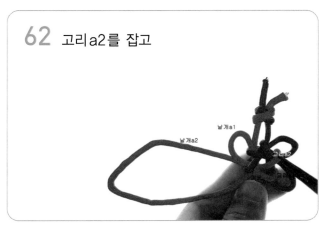

63 고리a2를 당겨서 날개a2를 줄인다.

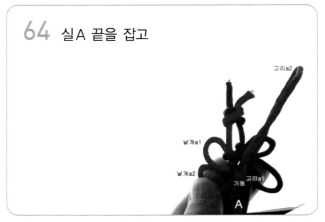

64 실A 끝을 잡고

65 실A 끝을 당겨 고리a2를 조인다.

66 두벌매화 완성

병아리 매듭

두벌국화매듭 양쪽에
생쪽매듭을 맺은 형태로
초보자는 조이는 과정에서
혼동하기 쉽다.

※ 반드시 두벌 국화 매듭을 충분히 연습한 후에 시작하시기 바랍니다.

1 두 가닥 실 A, B를 각각 2마씩 준비하여
오른손으로 잡는다.

병아리 매듭은 한 줄 생쪽, 장고
매듭과 두벌국화를 완전히 익힌
후에 도전하세요.
3가지 매듭기법이 들어있으므로
자칫 책만 보고 도전하였다가
매듭에 흥미를 잃을 수 있습니다.
(생략된 부분이 많습니다.)

2 실 A를 오른손가락 3개를 2회 감은 지점
(●)에 한 줄 생쪽을 맺는다.
실B도 실 A와 같은 지점에 한 줄 생쪽을
맺는다.

3 실 A와 실 B에 한 줄 생쪽을 맺은 후 실 A
로 오른손에 2회 감는다.
생쪽의 위치 확인

4 실 A를 왼손으로 옮겨 잡는다.
(두벌국화매듭
순서5~7 참조)

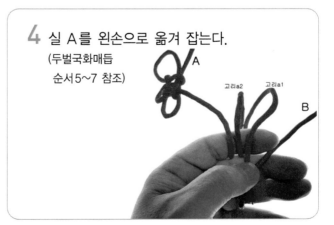

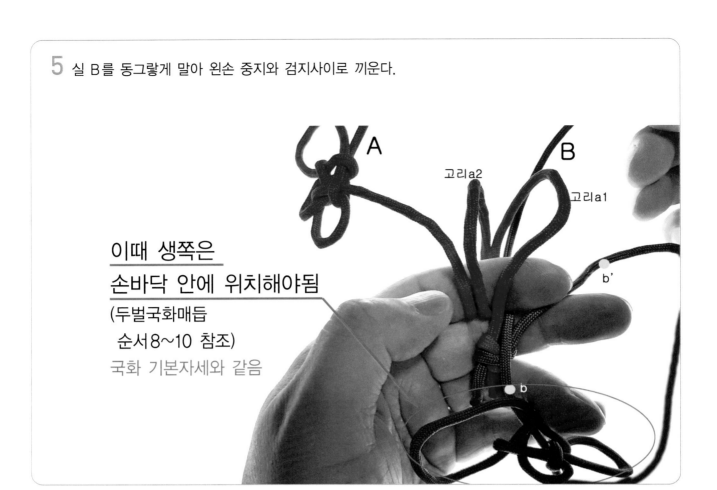

5 실 B를 동그랗게 말아 왼손 중지와 검지사이로 끼운다.

이때 생쪽은
손바닥 안에 위치해야됨
(두벌국화매듭
　순서8~10 참조)
국화 기본자세와 같음

6 시작점에서 바로 연결된 실B(b')를 잡고
두벌국화매듭
순서11과 동일

7 고리a2, 고리a1을 감고 왼손 검지와 중지
사이로 끼워준다.
두벌국화매듭
순서11~13 참조

8 실B의 b부분을 잡고 닫아준다.
두벌국화매듭
순서14~15 참조

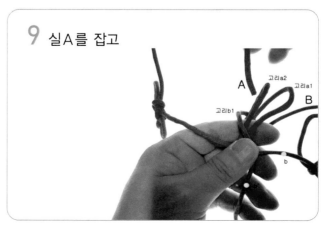

9 실A를 잡고

150

10 고리a2, 고리a1을 통과시킨다.
두벌국화매듭
순서17과 동일

11 실A를 실B 밖으로 넘겨서
두벌국화매듭
순서18 참조

12 실A를 실B의 생쪽날개b2 안으로 빼낸다.
두벌국화매듭 순서18과 동일

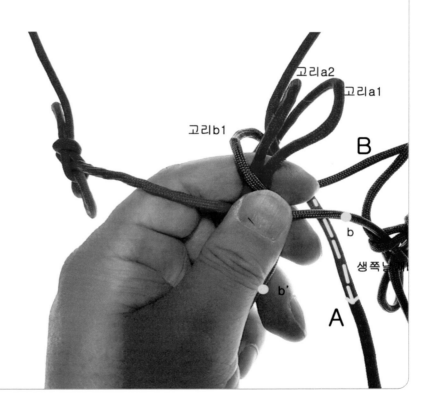

13 실A 끝을 오른손으로 잡고, 빠져 나온
곳도 왼손으로 잡아준다.
두벌국화매듭
순서19와
동일

14 실A를 고리a1, 고리a2로 통과시킨다.

생쪽날개 a2 만들어짐,
고리a3 만들어짐
두벌국화매듭
순서20과 동일

15 실A를 끝까지 당겨 낸다.
두벌국화매듭
순서21과 동일

16 실B의 b를 잡고
두벌국화매듭
순서22와 동일

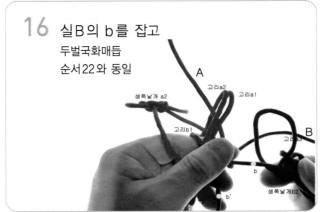

17 실B의 b를 잡고 열어준다.
두벌국화매듭 순서23과 동일

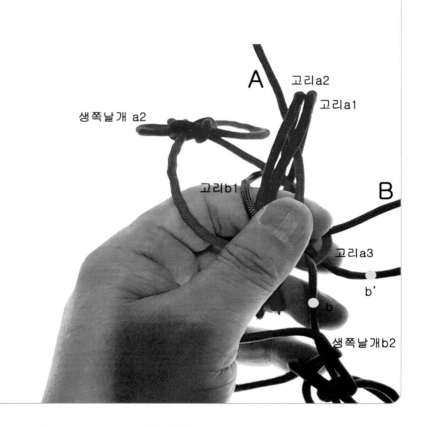

18 실B의 b'를 잡고
두벌국화매듭
순서24와 동일

19 고리a2, 고리a1을 감아준다.
두벌국화매듭
순서25와 동일

20 고리a2, 고리a1을 감아준 b'를 검지와
중지 사이로
끼워 잡는다.
(고리b2 생성)

두벌국화매듭
순서26과 동일

21 실B의 b를 잡고
두벌국화매듭
순서27와 동일

22 실B의 b를 잡고 닫아준다.
두벌국화매듭
순서28와 동일

23 실A를 잡고
두벌국화매듭
순서29와 동일

24 고리a2, 고리a1을 통과시키고
두벌국화매듭
순서30과 동일

25 실A를 실B 바깥으로 넘겨 잡고

26 실A를 생쪽날개b2 안쪽으로 빼낸다.
두벌국화매듭
순서31과
동일

27 올라온 실A를 왼손으로 잡아준다.
두벌국화매듭
순서32와
동일

28 고리a2, 고리a1 속으로 빠져나간다.
두벌국화매듭
순서33과 동일

29 실A를 끝까지 당긴다. 고리a4 생성
두벌국화매듭
순서34와 동일

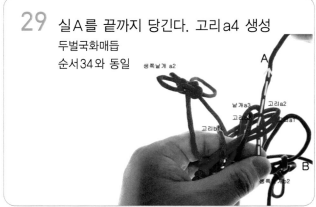

30 손가락을 빼고 시작점과 날개a1을 벌려 왼손 검지를 넣는다.
두벌국화매듭 순서35, 36과 동일

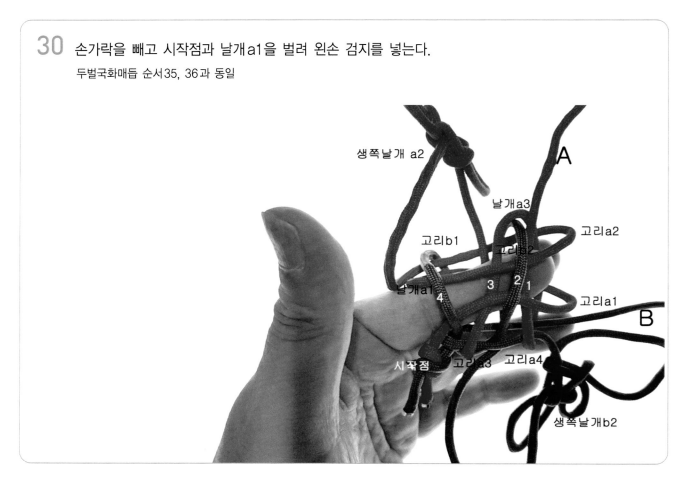

31 실B를 잡고

현재상태가 앞면입니다.
앞면은
1 아래
2 위로
3 아래
4 위로
빼낸다.

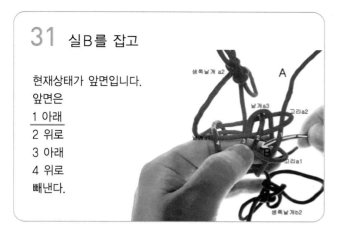

32

앞면은
1 아래
2 위로
3 아래
4 위로
빼낸다.

33 실B를 당겨 날개b3을 줄인다.

34 고리a1을 잡고 뒤집는다.

두벌국화매듭
순서42와 동일

35 뒤집은 상태. 손가락을 고리a2와 고리 a1 사이로 넣어 위, 아래를 구분시킨다.

두벌국화매듭
순서44와 동일

36 날개a1을 고리b1 밖으로 꺼낸 후
두벌국화매듭 순서44~46와 동일

줄B를
<u>날개a1 속으로</u>
4 위로
3 아래
2 위로
1 아래
빼낸다.

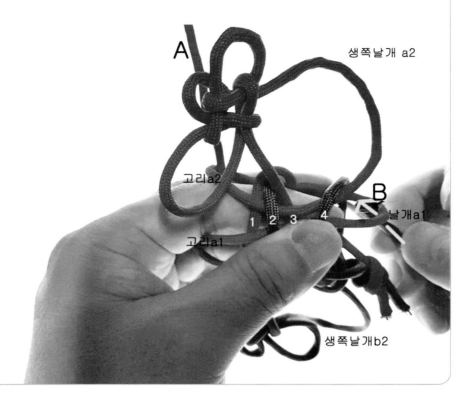

37 두벌국화매듭 순서47과 동일

줄B를
날개a1 속으로
<u>4 위로</u>
3 아래
2 위로
1 아래
빼낸다.

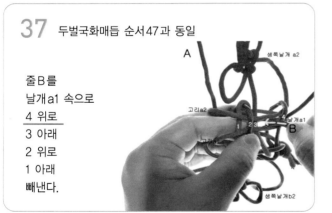

38 두벌국화매듭 순서47과 동일

줄B를
날개a1 속으로
4 위로
<u>3 아래</u>
<u>2 위로</u>
<u>1 아래</u>
빼낸다.

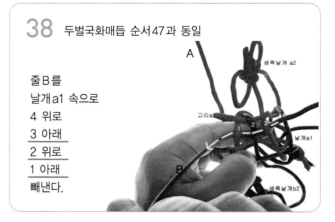

39 실B를 당겨 뺀다. (고리b4 생성)
두벌국화매듭 순서50과 동일

40 병아리매듭 1차 완성

41
가운데 국화를 줄이고자 하는 크기로 줄인 후에 날개를 줄여 붙인다.

고리b1–날개b1
–고리b2까지
줄인 다음

두벌국화매듭
순서51~59까지 참조

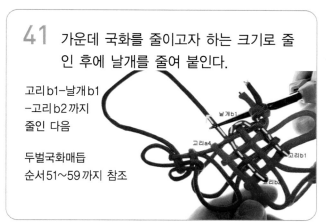

42
한 줄 생쪽 줄이기로 생쪽을 국화에 붙인다.

장고매듭 순서40~55
까지 참조

43
날개b3을 줄여나간다.
고리b3 – 날개b3 – 고리b4 – B끝

두벌국화매듭
순서60~67까지 참조

44
고리a1 – 날개a1 – 고리a2까지 줄인 다음

두벌국화매듭
순서68~75까지 참조

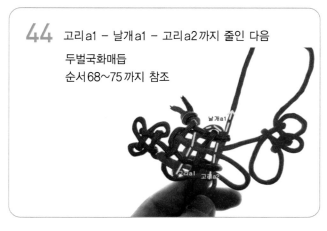

45
뒤집어서

46
한 줄 생쪽 줄이기로 생쪽을 국화에 붙인다.

장고매듭 순서40~55까지 참조

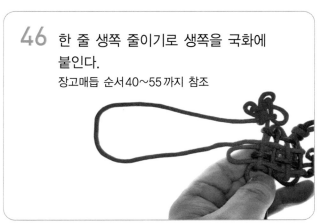

47
날개a3을 줄여나간다.
고리a3 – 날개a3 – 고리a4 – A끝

두벌국화매듭
순서77~84까지 참조

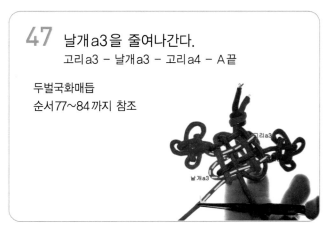

48
병아리매듭 완성

바로 나비 매듭

나비매듭은 아름다움을
상징하는 매듭의 하나이다.
노리개, 벽걸이, 주머니,
끈, 목걸이 등 다방면에 쓰이며,
또 어디든 잘 조화되는 매듭이다.

1 두 가닥 실 A, B를 각각 1.5마씩 준비한다.

바로나비 매듭은 조세핀과
두벌국화를 완전히 익힌 후에
도전하세요.
자칫 책만 보고 도전하였다가
매듭에 흥미를 잃을 수 있습니다.
(생략된 부분이 많습니다.)

2 오른쪽 조세핀 만들기 시작점에서 오른쪽에
있는 실B를 20cm
띄워 잡고

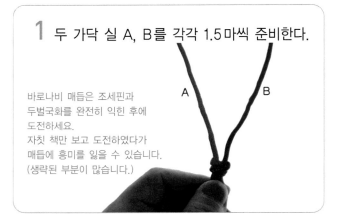

3 오른쪽 조세핀 만들기 동그랗게 만들어준다.
시작점에 가까운 1지점이 2지점 아래에 있
다. (원이 실 위쪽에 있음)

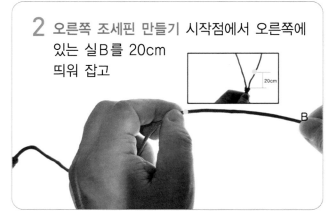

4 오른쪽 조세핀 만들기 한번 더 동그랗게 만
들어준다. 마지막에 만든 동그라미가 맨 위
로 놓인다.

5 오른쪽 조세핀 만들기 점4번(실B 끝)이 점1의 왼쪽에 놓이도록 실을 정리한다.
구멍3개 생성

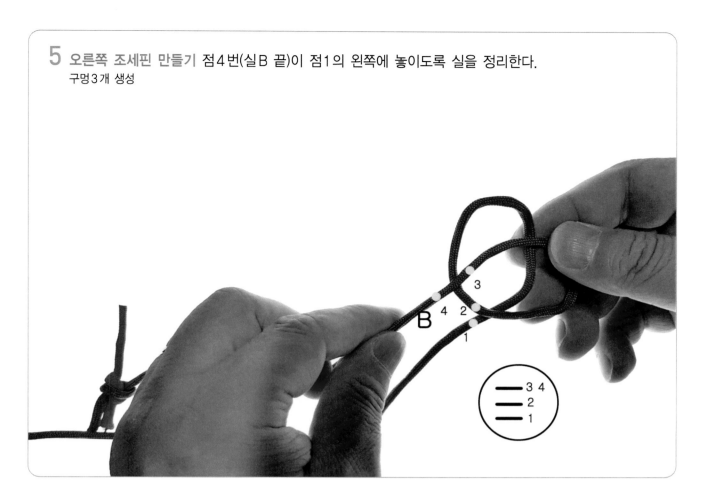

6 오른쪽 조세핀 만들기 점4번(실B 끝)을
점1번의 아래로 하여 오른쪽으로 당긴다.

7 오른쪽 조세핀 만들기

번호를 새롭게 정리함
<u>1 위로</u>
<u>2 아래로</u>
3 위로
4 아래로
통과시킨다.

8 오른쪽 조세핀 만들기

1 위로
2 아래로
<u>3 위로</u>
<u>4 아래로 통과시킨다.</u>

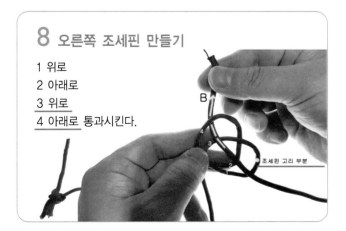

조세핀 고리 부분

9 오른쪽 조세핀 만들기 조세핀 고리를 길게
만들어 냄

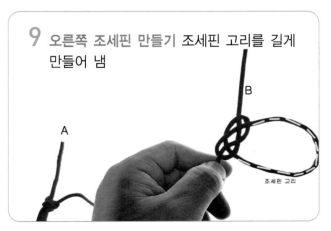

조세핀 고리

10 왼쪽 조세핀 만들기 왼쪽 날개가 될 조세핀을 만든다. 시작점을 오른쪽에 두고

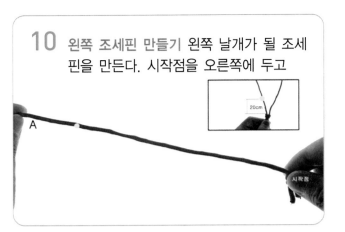

11 왼쪽 조세핀 만들기 시작점에서 왼쪽에 있는 실A를 20cm 띄워 잡고

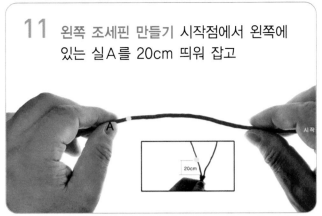

12 왼쪽 조세핀 만들기 시작점 쪽에 있는 줄을 위로 올려 원을 만든다.
(원이 아래쪽에 있음)

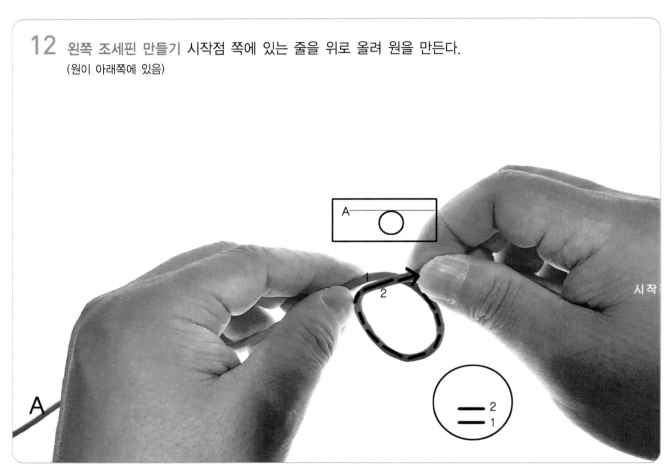

13 왼쪽 조세핀 만들기 시작점 쪽에 있는 오른쪽 실을 위로 올려 원을 만든다.
3, 4 (구멍이 3개 생성)

14 왼쪽 조세핀 만들기 오른손으로 옮겨 잡고 A줄 끝을 왼손으로 잡는다.

번호를 새롭게 정리함
시작점 위로
1 아래로
2 위로
3 아래로
4 위로
통과시킨다.

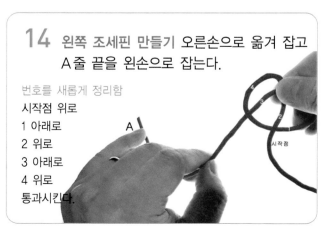

15 왼쪽 조세핀 만들기 왼손으로 옮겨 잡고 실A 끝을 오른손으로 잡는다.

시작점 위로
1 아래로
2 위로
3 아래로
4 위로
통과시킨다.

16 왼쪽 조세핀 만들기

시작점 위로
1 아래로
2 위로
3 아래로
4 위로
통과시킨다.

17 왼쪽 조세핀 만들기

시작점 위로
1 아래로
2 위로
3 아래로
4 위로
통과시킨다.

18 왼쪽 조세핀 만들기 조세핀 고리를 길게 만들어 냄

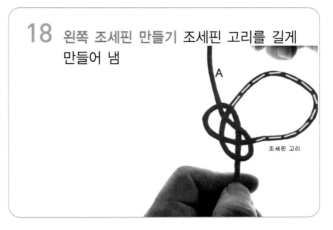

19 조세핀 고리를 안쪽으로 마주 놓는다.

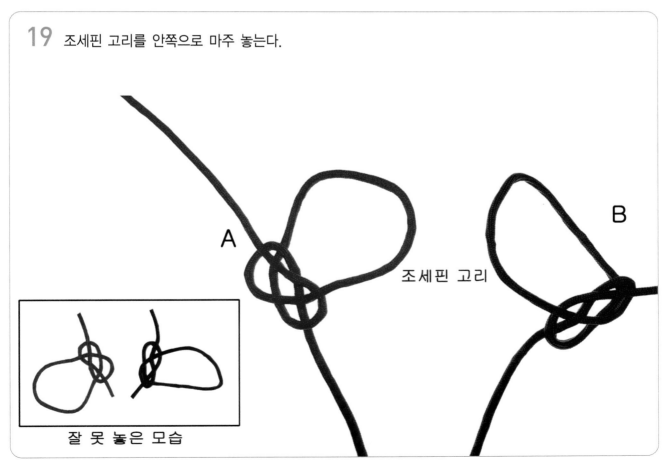

잘 못 놓은 모습

20 실A, 실A에 각각 조세핀을 맺은 후 시작점을 오른손으로 잡는다.

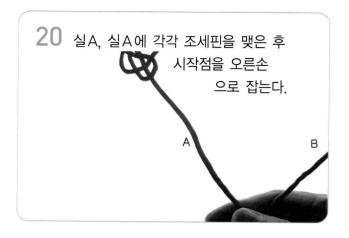

21 실A 20cm 남겨둔 지점에 오른손가락을 감아준다.

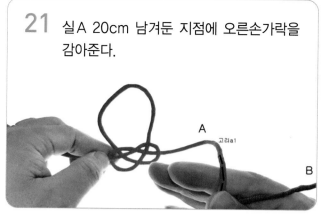

22 조세핀고리(이하 고리a2)에
① 오른 손가락을 끼우고
② 조세핀 몸통을 엄지로 잡아준다.

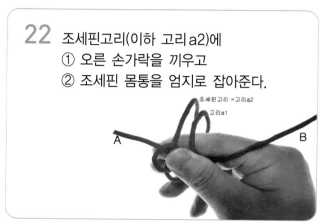

23 앞 순서22를 펼쳤을 때의 모습

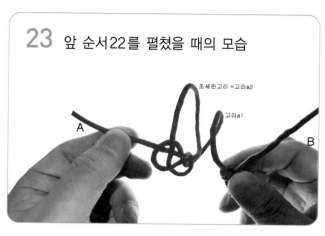

24 왼손으로 잡아주고
(국화매듭 순서5~7 참조)

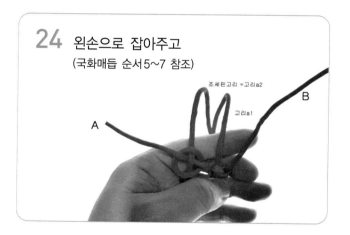

25 실B를 잡고

26 바로나비 기본동작 실B를 동그랗게 말아 집게손가락과 중지 손가락 사이로 넣는다.
(국화매듭 순서10 참조)

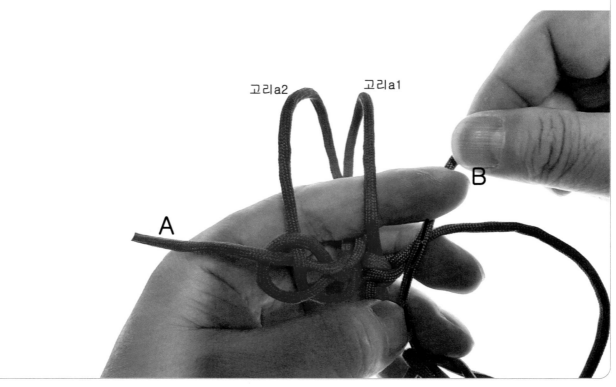

27 시작점에서 바로 연결된 실B(B')를 잡고
(국화매듭 순서11과 동일)

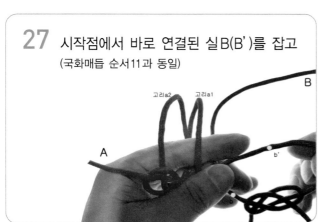

28 고리a2, 고리a1을 감아준다.
(국화매듭 순서12, 13 참조)

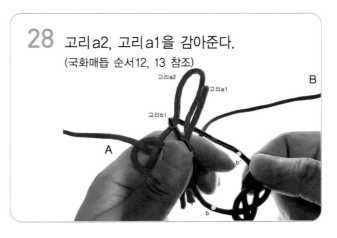

29 실B의 b를 잡고 (또는 조세핀을 잡음)
(국화매듭 순서14 참조)

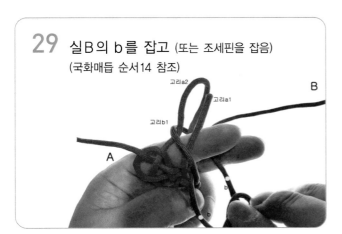

30 실B의 b를 잡고 닫아준다.
(국화매듭 순서15 참조)

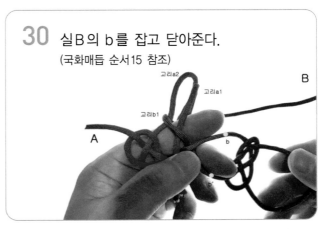

31 실A를 잡고
(국화매듭 순서16 참조)

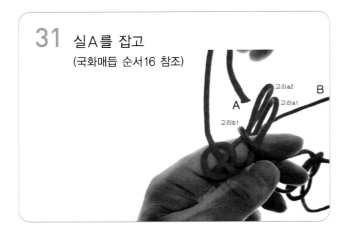

32 고리a2, 고리a1을 통과시킨다.
(국화매듭 순서17 참조)

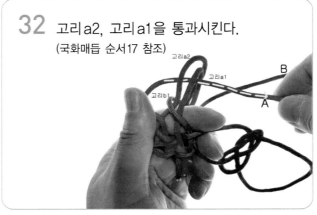

33 실A를 실B의 뒤로 넘겨
(국화매듭
순서18 참조)

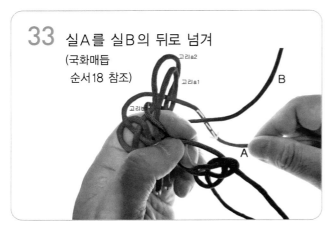

34 실B 조세핀 아래에서 올라온다.
(국화매듭 순서18 참조)

35 실A를 당겨 낸다.
(국화매듭 순서19 참조)

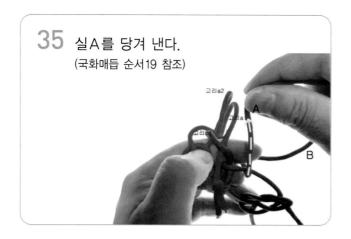

36 고리a2, 고리a1로 넣는다.
(국화매듭 순서20 참조)

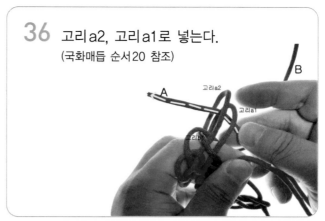

37 실A를 당겨 낸다. (고리a3 만들어짐)
(국화매듭
순서21 참조)

38 실B 조세핀을 그림과 같이 잡는다.

b를 당겨보면 실B가
당겨져야 된다.

39 실B 조세핀 고리를 고리a1, 고리a2에
걸어준다.

40 실B 조세핀 고리를 고리a1, 고리a2에
걸어준 상태

41 실B의 b를 잡고
b를 당기면 실B가
움직여야 된다.

42 실B의 b의 길이가 짧아 길게 뽑아 냄

b를 당기면 실B가
움직여야 된다.

43 실B의 b를 닫아 준다.

44 실A를 잡고

45 고리a2, 고리a1을 통과시킨다.
(국화매듭 순서30과
동일)

46 실 B 밑으로 내려서 조세핀고리로 들어온다.

(국화매듭 순서31 참조)

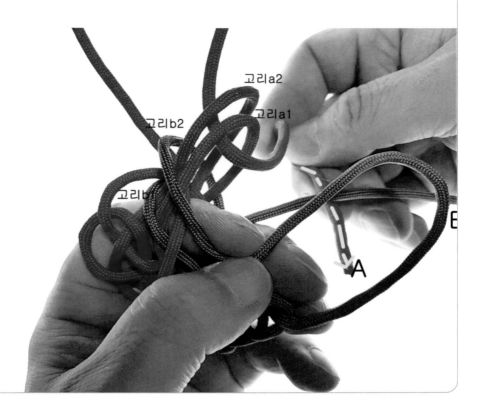

47 올라온 실 A를 왼손으로 잡아준다.

(꼬리날개a 생성)

(국화매듭 순서32와 동일)

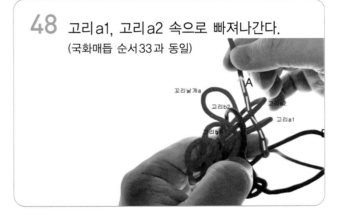

48 고리a1, 고리a2 속으로 빠져나간다.

(국화매듭 순서33과 동일)

49 손가락을 시작점을 따라 고리a1, 고리a2 사이로 넣는다.
(국화매듭 순서36과 동일)

50 실B를 잡고

현재 상태가 앞면 입니다.
앞면은
1 아래
2 위로
3 아래
4 위로
빼낸다.

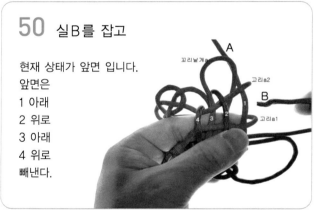

51 (국화매듭 순서37부터 참조)

앞면은
1 아래
2 위로
3 아래
4 위로
빼낸다.

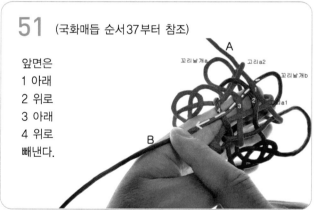

52 고리a1을 잡고 뒤집는다.
(국화매듭 순서42 참조)

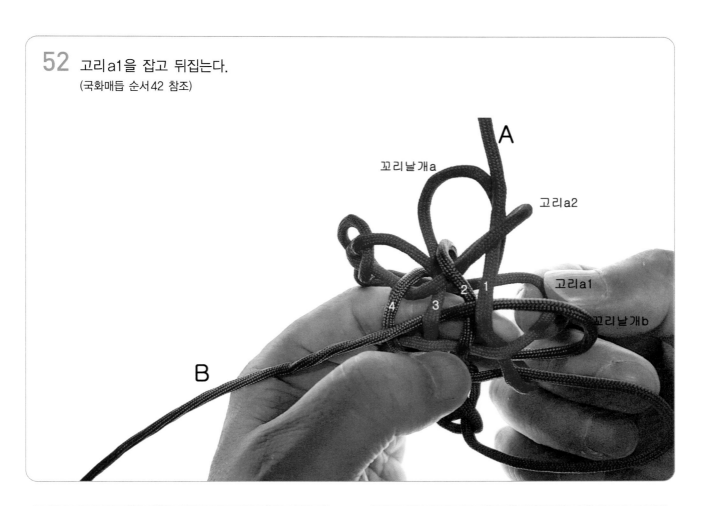

53 뒤집어서 뒷면임. 손가락을 고리a2와 고리 a1 사이에 넣어 위, 아래를 구분시킨다.
(국화매듭 순서43, 44 참조)

54 (국화매듭 순서45 참조)

조세핀 b와 b' 사이로
4 위로
3 아래
2 위로
1 아래
빼낸다.

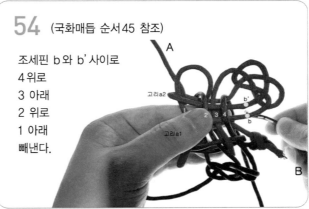

55 (국화매듭 순서46 참조)

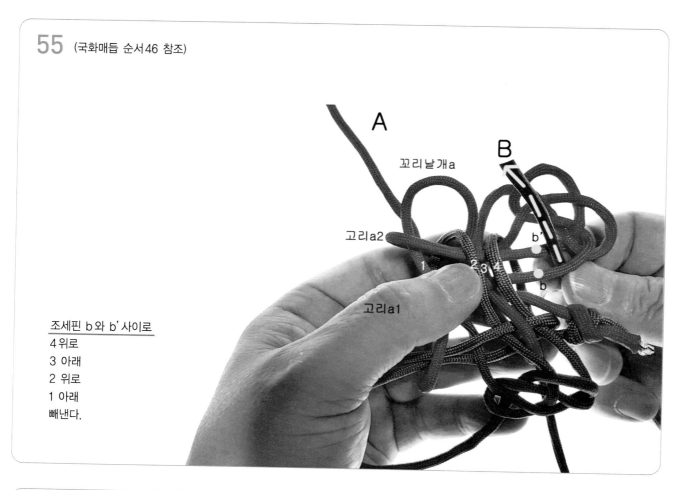

조세핀 b와 b'사이로
4 위로
3 아래
2 위로
1 아래
빼낸다.

56 (국화매듭 순서47~50 참조)

조세핀 b와 b'사이로
4 위로
3 아래
2 위로
1 아래
빼낸다.

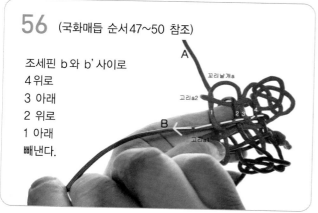

57

바로나비 1차 완성. 가운데 국화를 네모
반듯하게 모양을 잡은
후에 날개 부위를
줄여나간다.

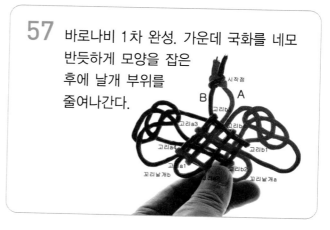

58

① 고리b1을 당겨 시작점에 붙이고
② 조세핀1번을 당겨
고리b1을 조인다.

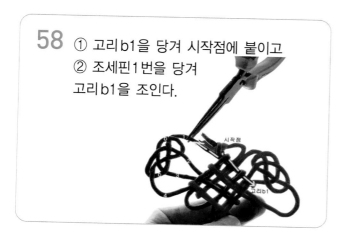

59

실B의 b지점을 당겨 조세핀 1번의 길이
를 조절한다.

60 조세핀 2번과 b의 중간 지점을 잡고

61 당겨서 b를 줄여준다.

62 조세핀 2번을 잡고

63 조세핀 2번을 당겨 조세핀을 조인다.

64 고리 b2 아래부분을 잡고

65 당겨서 조세핀 2번의 길이를 조절한다.

66 조세핀 2번을 잡고

67 조세핀 2번을 당겨서 고리 b2를 조인다.

68 b'를 잡고

69 b'를 당겨 조세핀 3번을 국화매듭에 붙인다.

70 조세핀 4번을 잡고

71 조세핀 4번을 당겨 b'를 조세핀에 붙인다.

72 고리 b3 위쪽을 잡고

73 ① 고리 b3 위쪽을 당겨서 조세핀 4번을 붙이고
② 꼬리날개 b를 줄여 실 B의 끝으로 나간다.
(두벌국화 순서62~67 참조)

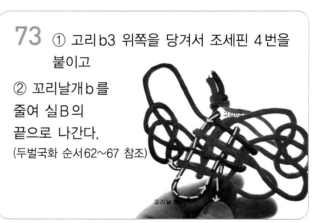

74 ① 고리 a1을 당겨 시작점에 붙이고
② 조세핀 1번을 당겨 고리 a1을 조인다.
(이하 줄이기 순서는 순서59~73 까지 같음)

75 바로나비 완성

거꾸로 나비 매듭

나비매듭은 아름다움을
상징하는 매듭의 하나이다.
노리개, 벽걸이, 주머니,
끈, 목걸이 등 다방면에 쓰이며,
또 어디든 잘 조화되는 매듭이다.

1 두 가닥 실 A, B를 각각 1.5마씩 준비하여
오른손으로 잡는다.

거꾸로나비 매듭은 조세핀과
두벌국화를 완전히 익힌 후에
도전하세요.
자칫 책만 보고 도전하였다가
매듭에 흥미를 잃을 수 있습니다.
(생략된 부분이 많습니다.)

2 실A를 2회 감아준다.

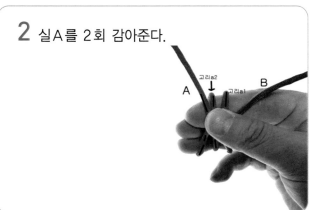

3 왼손으로 옮겨잡고 국화 기본자세로 준비한다.

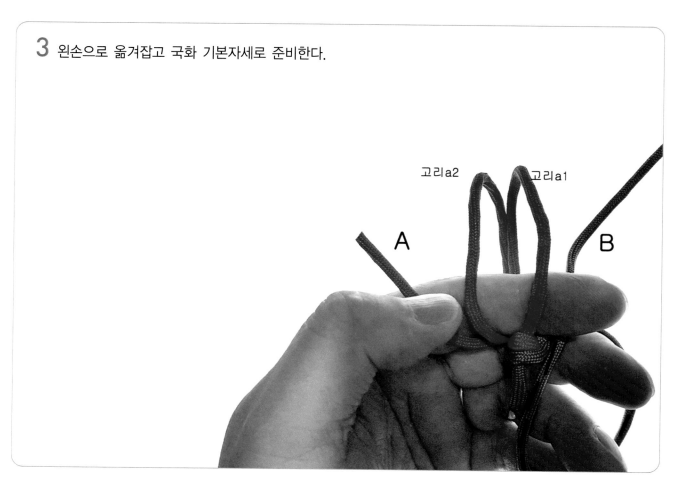

고리a2　고리a1
A
B

4 실B로 고리a2, 고리a1을 감아준다.

고리b1이 생김

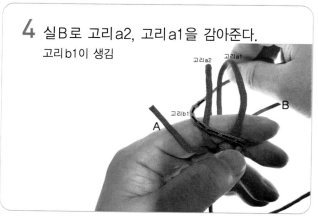

고리a2　고리a1
고리b1
A
B

5 실B를 중지와 검지사이에 끼운다.

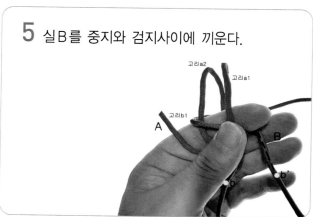

고리a2
고리a1
고리b1
A
B
b　b'

6 실B의 b를 닫아준다.

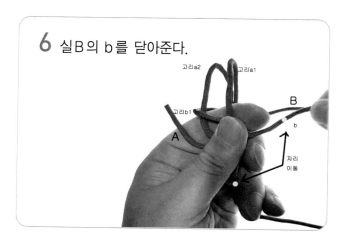

고리a2　고리a1
고리b1
B
A
b
자리
이동

7 실A의 끝을 잡고

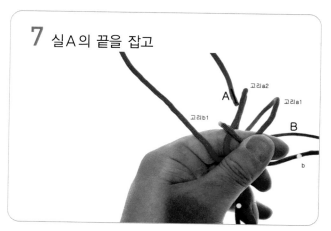

고리a2
A
고리a1
고리b1
B
b

8 고리a2, 고리a1을 통과시킨다.

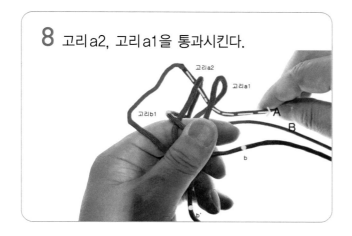

9 실A를 실B의 고리 안으로 빼낸다.

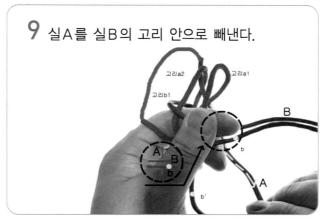

10 실A의 끝을 오른손으로 잡고, 빠져 나온 곳도 잡아 준다.

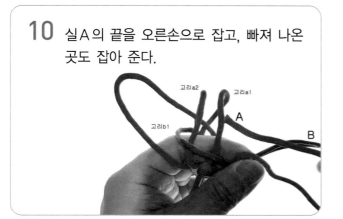

11 실A를 당겨 낸다.
(고리a3 생성)

12 실A 날개를 꼬아준다. a'가 a 위로 올라가도록

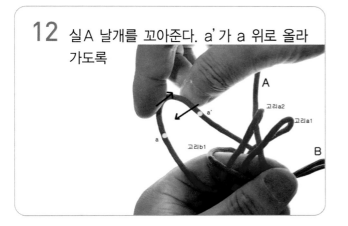

13 조세핀을 만들기 위하여 날개가 8자로 꼬아졌다.

14 꼬여진 날개를 잡는다.

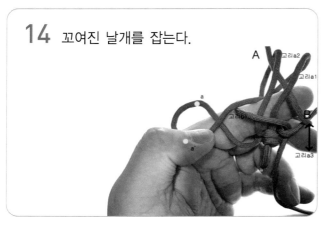

15 실A를 잡고

16 a와, a' 위로 지나 얹어준다.

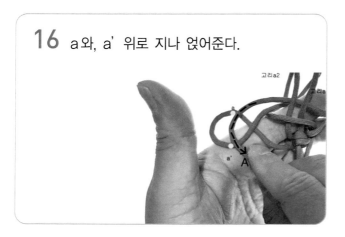

17 실A를 잡고

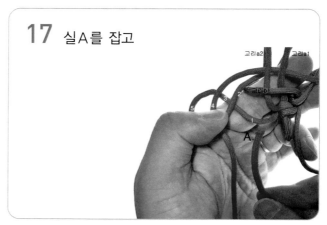

18

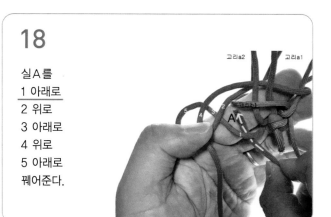

실A를
1 아래로
2 위로
3 아래로
4 위로
5 아래로
꿰어준다.

고리a2   고리a1

19

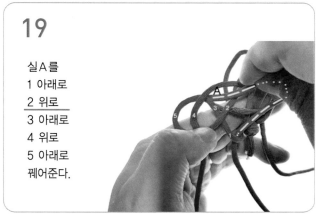

실A를
1 아래로
2 위로
3 아래로
4 위로
5 아래로
꿰어준다.

20

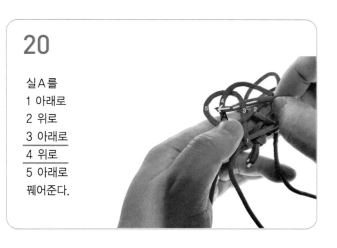

실A를
1 아래로
2 위로
3 아래로
4 위로
5 아래로
꿰어준다.

21

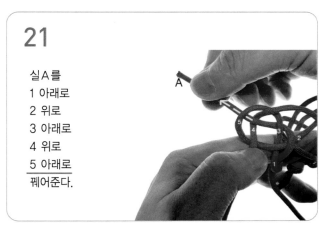

실A를
1 아래로
2 위로
3 아래로
4 위로
5 아래로
꿰어준다.

22 실A를 당겨서 조세핀을 만들어준다.

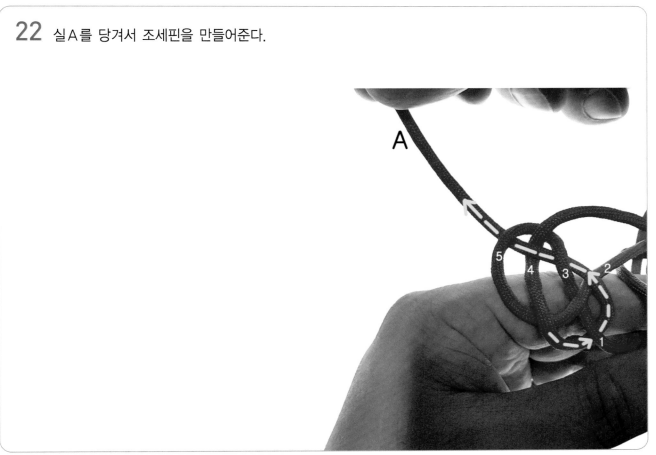

23 실B의 b를 잡고

24 실B의 b를 열어준다.

25 실B의 b'를 잡고

26 고리a2, 고리a1을 감아준다. 고리b2가
만들어짐

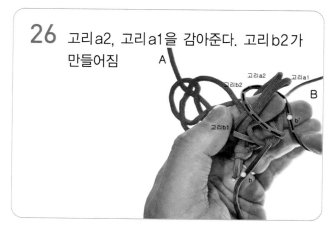

27 실B의 b를 닫아준다.

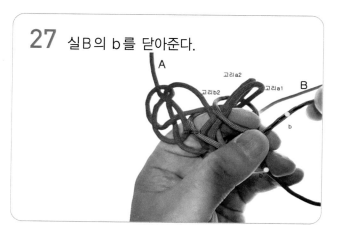

28 실A를 잡고

29 고리a2, 고리a1을 통과시킨다.

30 실A를 실B의 고리 안으로 빼낸다.

31 고리a1, 고리a2로 통과시켜 당긴다.

32 고리a1, 고리a2, 고리a3, 고리a4, 고리 b1, 고리b2, A꼬리날개, B꼬리날개가 만들어진 상태

그러나, 오른쪽 조세핀 날개는 아직 없음.

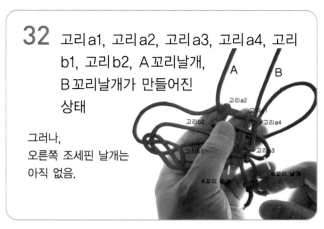

33 조세핀을 만들기 위하여 오른쪽 실B의 고리를 잡는다.

34 실B의 고리를 잡고 b가 b' 위로 올라가도록 꼬아준다.

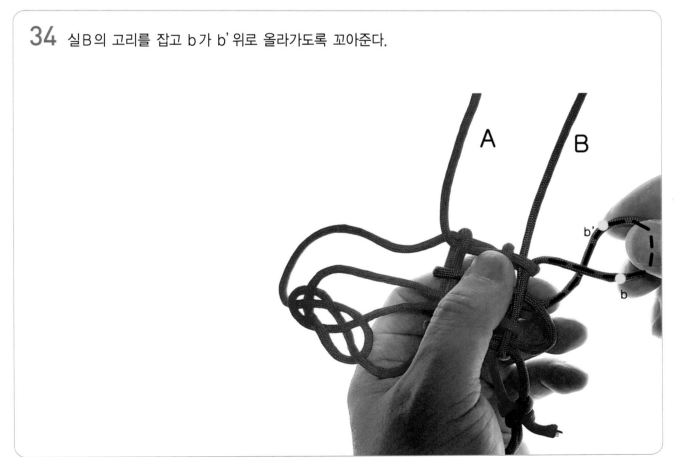

35 실B를 잡고

36 b'와 b를 지나 얹어준다.

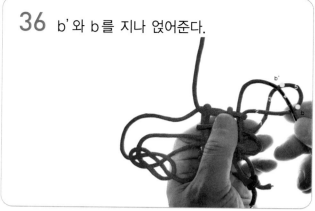

37

실B를 잡고
1 아래로
2 위로
3 아래로
4 위로
5 아래로
꿰어준다.

38

실B를 잡고
1 아래로
2 위로
3 아래로
4 위로
5 아래로
꿰어준다.

39

실B를 잡고
1 아래로
2 위로
3 아래로
4 위로
5 아래로
꿰어준다.

40

실B를 잡고
1 아래로
2 위로
3 아래로
4 위로
5 아래로
꿰어준다.

• 실B를 접어 끼운 관계로
2가닥으로 보임

41 실B를 당겨 조세핀 모양을 만들어준다.

42 실B를 잡고 화살표 방향으로 끼움

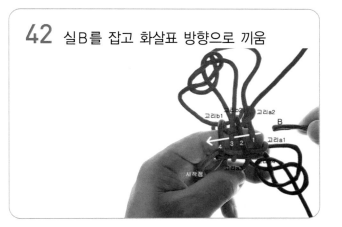

43

실B를 잡고
1 아래로
2 위로
3 아래로
4 위로
꿰어준다.

44 ① 실B를 당겨 나비 날개 길이를 조절
한다.
② 고리a1을 잡고
뒤집어 준다.
두벌국화 순서42-
순서43참조

45 뒤집은 상태
A꼬리날개 사이를
손가락으로 나누어서

순서 32의 A꼬리날개

46 A꼬리날개 사이로 실B를 넣어서 빼고

4 위로
3 아래로
2 위로
1 아래로
빠져나옴

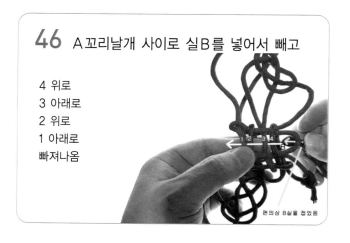

편의상 B실을 접었음

47

4 위로
3 아래로
2 위로
1 아래로
빠져나옴

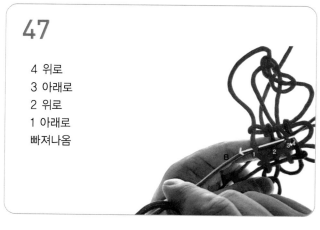

48 실B를 당겨 조인다.

49 거꾸로 나비 1차 완성

줄이는 과정은 생략합니다.
(국화매듭 참조)

전통매듭 길잡이 기초편
누구나 쉽게 따라할 수 있게 매듭 전 과정을 담았다

발행일 | 2023년 1월 26일

지은이 | 이희성
펴낸이 | 마형민
편   집 | 신건희
펴낸곳 | (주)페스트북
주   소 | 경기도 안양시 안양판교로 20
홈페이지 | festbook.co.kr

저작권법에 의해 보호를 받는 저작물이므로 무단 전재와 무단 복제를 금합니다.
ISBN 979-11-6929-180-4 13630
값 35,000원

* (주)페스트북은 '작가중심주의'를 고수합니다. 누구나 인생의 새로운 챕터를 쓰도록 돕습니다.
Creative@festbook.co.kr로 자신만의 목소리를 보내주세요.